( Par Faure )

# JUSTIFICATION

## DU GOUVERNEMENT

# DES BOURBONS,

PRÉCÉDÉ

## D'UN COUP-D'OEIL

*Sur la Révolution française, et sur le retour de Buonaparte.*

Dico ego opera mea Regi.

Par Antoine F**** A. N.ᵗ

A {PARIS, chez Lenormant, rue de Seine, n.º 8.
{LYON, chez Guyot frères, rue Mercière.

1815.

# COUP-D'ŒIL

## SUR LA

## RÉVOLUTION FRANÇAISE.

*Libertas circa se habet ignes et catenas et turbam ferarum quas immittit in viscera humana.*

La liberté porte des torches, traîne des chaînes, et chasse devant elle une troupe d'animaux féroces, qu'elle lâche dans les entrailles humaines.

Lorsque le Ciel dans son courroux veut punir un peuple qui s'est écarté de ses voies, un des plus terribles fléaux dont il puisse l'accabler, c'est de lui envoyer de ces hommes inquiets, zélateurs de l'humanité, vengeurs de la raison. Sous l'étendard de la liberté, ils prêcheront la licence ; ils armeront le fort contre le faible, le fripon contre l'honnête homme, le valet contre son maître, le pauvre contre le riche ; ils briseront tous les liens de la société.

Alors on ne verra que troubles, sédition, bouleversement : tout changera de nom. Les vices s'appelleront vertus, et les vertus s'appelleront vices.

Tout changera de place. Le citoyen honnête ira dans les bagnes remplacer le malfaiteur ; le laboureur échangera sa chaumière contre un palais ; le propriétaire mendiera son pain à la porte de son fermier ; le laquais montera dans la voiture de son maître ; et celui-ci, à la lueur des flammes qui éclairent sa patrie , ira chercher un asile dans des pays lointains.

Ce peuple, ainsi éclairé par les savans, par les philosophes, fera de son pays un séjour de deuil et d'horreur. La mort se présentera partout sous les formes les plus variées , les plus horribles, les plus hideuses, jusqu'à ce qu'une catastrophe effroyable, un crime aussi horrible dans sa conception que dans son exécution, inconnu dans nos annales, jetera la stupeur, l'horreur, l'épouvante au milieu du monde entier, et dans l'ame même de ses auteurs.

Bientôt la discorde, au sourire cruel, fera siffler ses serpens sur la tête des agitateurs ; ils donneront au monde consterné le consolant spectacle de leurs divisions ; ils feront de leur repaire une arène sanglante ; ils s'entre-déchireront, ils s'entre-dévoreront eux-mêmes ; et l'homme juste qui se sera cru jusqu'alors abandonné de la Providence, se réconciliera avec elle, applaudira à la justice divine, à la vue des plaies dont ils se frapperont les uns les autres.

La colère du Ciel sera-t-elle apaisée ? Non. Le sang du juste a coulé par torrent , l'oint du Seigneur a été massacré. Le peuple , quoique d'abord égaré, quoique d'abord l'instrument des vengeances divines, s'est rendu trop coupable à ses yeux, pour ne pas lui faire épuiser à son tour la coupe de maux dont il a abreuvé ses maîtres : il lui rendra maux pour maux, humiliation pour humiliation, *pellem pro pelle dabit*. Il a déchiré le pacte social qui le liait avec son Souverain légitime, *mutaverunt jus , dissipaverunt fœdus sempiternum*. Il a méconnu la voix de son Pasteur ; il tombera sous la dent d'un loup furieux qui se couvrira de l'habit du berger.

Il existe au sein des mers une petite nation, rebut

éternel des autres nations , qui ne reconnaît d'autre code social *que celui de la vengeance , de la rapine , du mensonge et de l'impiété* (*).

Dans ce rebut des nations , il existe un rebut de familles , qui réunit dans chacun de ses membres tous les genres d'infâmie et d'ignominie. C'est au milieu de cette famille que la Providence a permis à l'enfer de nourrir et d'élever sous la figure humaine un de ses enfans.

Le peuple Français , sous le nom de liberté, s'est abandonné à la licence la plus effrénée ; il sera sous le joug de ce vil insulaire, l'esclave le plus stupide. Il a parlé d'égalité : sous son sceptre niveleur, tous les Français seront égaux en bassesse , en lâcheté', en ignominie. Il a parlé de fraternité : tous les Français seront frères ; mais leur confraternité n'aura d'autres liens que celui du malheur. Enfin , il a parlé de la mort : hélas ! il la trouvera au milieu des sables brûlans de l'Afrique, sous le tropique du cancer, sous le cercle polaire ; il ira semer ses os sur les bords du Nil, du Jourdain (**), à St-Domingue, dans ces régions glacées, dans ces pays affreux, d'où nos pères n'étaient sortis que dans l'espoir de n'y jamais rentrer. La génération de ce peuple coupable sera pendant quinze ans, à la vue du monde entier la pâture annuelle des bêtes féroces et des oiseaux de proie.

---

(*) Sénèque a dit en parlant des Corses :

*Prima est ulcisci lex , altera vivere raptis ,*
*Tertia mentiri , quarta negare Deos.*

(**) On dirait que l'expédition d'Egypte a été ménagée par la Providence, pour punir les Français d'avoir insulté à leurs aïeux sur l'expédition des Croisades.

Semblable aux sauvages de l'Afrique, il payera au despote son tribut avec le sang de ses enfans ; il les conduira lui-même au marché, il les vendra comme du bétail ; il se croira riche en proportion du sang qu'il pourra fournir à l'inextinguible soif de son maître.

Dans son avilissement, ce peuple stupide se rira de ses chaînes ; ainsi muselé, ainsi lié, ainsi garrotté, il criera : *vive la liberté*. Dans sa fureur il assommera quiconque sera assez hardi pour essayer de le rendre à lui-même, de lui ôter ses fers, de lui ouvrir les yeux.

Ce ne sera pas seulement la France qui gémira sous le joug de l'insulaire. Avec ses esclaves, il fera d'autres esclaves. L'Europe expiera dans l'humiliation, l'indifférence avec laquelle elle a contemplé nos malheurs, et celui du meilleur des Rois. Elle a souri à la vue de nos divisions intestines. Loin de venir éteindre l'incendie qui nous dévastait, loin de venir généreusement à notre secours, elle a espéré de profiter de nos malheurs et de partager nos dépouilles, elle sera punie. A la tête de ses phalanges, instrument aveugle d'une juste Providence, le Corse se levera, et ira garrotter les Rois sur leur trône, *ad alligandos Reges eorum in compedibus*. Il traînera à son char une noblesse jadis orgueilleuse, pieds et poings liés, *et nobiles eorum in manicis ferreis*.

Si quelques Rois résistent, ils descendront de leurs trônes, pour faire place à des histrions couronnés. Un palefrenier, après avoir renversé le trône des Espagnes, ira souiller celui de Naples. Les couches royales seront prostituées ; et vous, Autriche, jadis heureuse, pour qui le flambeau de l'hymen avait

plus fait de conquêtes que les foudres de Mars (*);
le flambeau de l'adultère s'allumera dans votre auguste famille ; non plus pour agrandir vos états,
non plus pour les défendre, mais pour en conserver
les tristes débris ; et l'on verra le sang des Césars
s'allier avec un Buonaparte.

Il semble que le Genséric moderne n'a plus rien à
désirer; tous ses vœux paraissent comblés : l'Europe
n'est plus qu'une vaste prison. Ou les Rois sont détruits, et remplacés par d'ignobles proconsuls, ou ils
se sont courbés sous le joug de l'égalité. Le Pontife
romain gémit dans les fers, et un enfant adultérin
est proclamé roi de la capitale du monde chrétien.
Des colonnes d'Hercule aux bords du Niémen, tout
paraît nivelé, tout a subi le joug.

> Mais un Roi l'attendait au bout de l'univers,
> Par qui le monde entier a vu briser ses fers (**).
>
> *Racine.*

L'amour de la patrie, le sentiment de la liberté
paraissent éteints au milieu de l'Europe. Ces vertus
poursuivies, chassées, bannies, n'ont trouvé d'asile

---

(*) C'est moins par des victoires que par des alliances que
l'Autriche avait agrandi ses états. C'est ce qui avait donné lieu
à ces deux vers :

*Bella gerant alii, tu, felix Austria, nube;*
*Quæ dat Mars aliis, dat tibi regna Venus.*

(**) Le Goth Jornandes a appelé le nord de l'Europe *la fabri-*
*que du genre humain;* je l'appellerais bien plutôt *la fabrique*
*des instrumens qui brisent les fers forgés au midi.* C'est là
que se forment ces nations vaillantes qui sortent de leur pays
pour détruire les tyrans et les esclaves, et apprendre aux
hommes que la nature les ayant fait égaux, la raison n'a pu
les rendre dépendans que pour notre bonheur.

(*Esp. des lois. Ed. de* 1769, *tom.* 2, *l.* 17, *ch.* 5, *p.* 135.)

que dans ses deux extrémités ; ces vertus feront entendre leurs voix sur les bords du Volga et sur les confins de l'Asie ; dans les montagnes des Asturies , les enfans des Pélages accourront à leurs cris plaintifs , et combattront encore pour elles sur les bords de l'Ebre.

C'est au midi , c'est au nord de l'Europe que va se décider l'importante question , si nous serons condamnés à gémir éternellement dans les fers , et si la civilisation doit faire place à la barbarie. —Non. —La liberté du monde entier triomphera , elle sera proclamée à la lueur des flammes de Moscou, sur les ruines de Saragosse , et un million de Français en signeront de leur sang les préliminaires.

Alors chaque peuple, honteux de son avilissement, sécouera ses chaines , et de ses fers forgera des armes contre son oppresseur.

Les bords de l'Elbe, les plaines de Leipzic , les montagnes de la Castille et de la Biscaye seront témoins du triomphe de la liberté européenne.

Le colosse au pied d'Argile, viendra se briser et tomber en poudre au milieu de ses esclaves étonnés , sous les yeux de sa capitale. C'est là que les nations assemblées, stupéfaites, viendront contempler dans son néant, celui qui naguère les faisait toutes trembler. Dans leur admiration , leur étonnement, leur stupeur , elles se demanderont à elles-mêmes : *Est-ce là l'homme qui hier troublait la terre , qui bouleversait les empires , qui dépeuplait le globe (*) !*

Leur courroux se changeant en mépris, elles dédaigneront de l'anéantir. Tels qu'un homme surpris par les prestiges de son imagination , croyant avoir

______

(*) Numquid iste est vir, qui conturbavit terram , qui concussit regna, qui posuit orbem desertum , et urbes ejus destruxit ?
( *Isaïe , ch.* 14 , *vers.* 16 *et* 17. )

à combattre un monstre furieux, ne rencontre qu'un être fantastique ; il rit de sa frayeur, et jette ses armes. Erreur funeste, erreur déplorable, le monstre ne s'enveloppe ainsi de son néant que pour échapper à la fureur de ses ennemis. *Il a honte de demander la vie, et il ne peut s'empêcher de témoigner qu'il la désire. Il tâche d'émouvoir la compassion des alliés. Hélas ! il était encore dû à la justice des Dieux pour punir les hommes et pour verser leur sang.* (Télémaq. liv. 20.)

Le héros dont le nom rappelle toutes les vertus militaires, Alexandre voulut réhausser son nom de cette gloire qui jadis illustra celui de César ; il voulut être clément. Comme un autre Télémaque, tenant sous ses pieds ce nouvel Adraste, il lui dit : *Je n'ai voulu que la victoire et la paix des nations, que je suis venu secourir : je n'aime point à répandre le sang. Vivez donc, Adraste ; mais vivez pour réparer vos fautes :* RENDEZ TOUT CE QUE VOUS AVEZ USURPÉ. *Rétablissez,* par votre retraite, *le calme et la justice sur ce pays, que vous avez souillé par tant de massacres et de trahisons. Apprenez par votre chûte que les Dieux sont justes, que les méchans sont malheureux, qu'ils se trompent en cherchant la félicité dans la violence, dans l'inhumanité, dans le mensonge ;.... donnez-nous pour ôtage votre fils......* (Télémaq. liv. 20.)

*Ainsi tomba en un moment cette puissance qui menaçait toutes les autres, et qui faisait trembler tant de peuples. Semblables à ces terrains qui paraissent fermes et immobiles, mais que l'on sappe peu à peu par-dessous. Long-temps on se moque du faible travail qui en attaque les fondemens ; rien ne paraît affaibli, tout est uni ; rien ne s'ébranle ; cependant tous les soutiens sont détruits peu à peu, jusqu'au moment où le terrain s'affaisse et ouvre un abîme. Ainsi, une puissance injuste et trompeuse, quelque prospérité qu'elle se procure par ses violences, creuse elle-même un précipice sous ses pieds : la fraude et l'inhumanité sappent peu à peu tous les plus solides fondemens de l'autorité illégitime. On l'admire, on la craint ; on tremble devant elle, jusqu'au moment où elle n'est déjà plus ; elle tombe de son propre poids, et rien ne peut la relever, parce qu'elle a détruit de ses propres mains ses vrais soutiens, la bonne foi et la justice, qui attirent l'amour et la confiance. (Télém. liv. 21.)*

Mais que deviendra la France au milieu de ses ruines ? Sera-t-elle conquise ? Les étrangers profiteront-ils des avantages que leur a laissés sa lassitude et son découragement ? Se partageront-ils ses belles provinces ? Abattront-ils l'antique trône de Clovis ? Paris, au milieu des flammes, payera-t-il Moscow ? Toulouse offrira-t-il les représailles de Saragosse ? Enfin, cette nation turbulente, qui, depuis tant d'années, porte chez ses voisins l'excès de ses fureurs, *gens ferox quæ non quiescit, nec alios quiescere sinit,* ne sera-t-elle pas rayée du nombre des empires ? — Non. — La Providence, inépuisable dans ses merveilles, lui prouvera qu'elle tient le cœur des Rois dans sa main, et que si, pour punir un peuple, tout *faquin*, comme dit Balzac, devient dans sa main ou Alexandre ou César, de même, pour le sauver, les moyens les plus petits, les plus faibles, les plus désespérés aux yeux de la multitude, sont précisément ceux qu'elle emploie pour faire éclater sa puissance.

C'est ainsi que la bergère de Domremy, Jeanne d'Arc, devint dans ses mains un vase d'élection, et que par elle il arracha la couronne de St-Louis de dessus la tête d'Henri VI.

Une auguste famille , proscrite , errante , fugitive , *abandonnée* de tout , excepté du malheur , depuis vingt-cinq ans donnait au monde entier le spectacle de la vertu aux prises avec la perversité de son siècle , celui de la patience , du courage , et d'nn entier abandon aux desseins de la Providence. C'est cette famille qui deviendra une ancre de miséricorde pour le vaisseau de l'Etat prêt à s'engloutir dans l'abîme de l'oubli.

C'est de Louis , Français, que je parle , c'est de cette auguste orpheline, c'est de vos Princes qui sont depuis tant d'années l'objet de vos vœux infructueux.

C'était Louis , c'était son auguste fille , qui , du fond de leur retraite chez nos généreux voisins, vous suivaient d'un œil paternel, au milieu des déserts de la Russie, comme une seconde Providence. C'étaient eux qui allégeaient le poids de vos fers , qui vous recommandaient , enfans ingrats, à la clémence d'Alexandre.

C'était Louis, c'était son auguste fille, dont les mains bienfaisantes, quoique inconnues, vous portaient des secours dans ces prisons infectes où vous étiez entassés. Tandis que Buonaparte empoisonnait de généreux soldats à Jaffa, Louis nourrissait des enfans ingrats en Bretagne.

Les Français , effrayés de l'abîme dans lequel ils étaient prêts de s'engloutir, *demandèrent , comme l'unique condition de paix qu'on leur permît de faire un Roi de leur nation qui pût effacer , par ses vertus, l'opprobre dont l'impie Buonaparte avait couvert la royauté; ils remerciaient les dieux d'avoir frappé le tyran ; ils venaient en foule baiser la main du vainqueur ; et leur défaite était pour eux comme un triomphe* (*).

---

(*) Je ne puis me lasser de citer Fénélon. Les XX et XX.e Livre de son *Télémaque* sont l'histoire complète du gouvernement

A l'instant ils portent les yeux au-delà des mers, et se jettent dans les bras de celui qui naguère.........

C'est ainsi que ce Roi, laissant agir la Providence, reconquiert son royaume sur des sujets rebelles, sur un usurpateur, sur l'Europe coalisée, sans autres armes que celles dont est investi un Roi essentiellement vertueux; plus heureux que Henri, il n'eut d'autres larmes à faire verser que celles de la joie et du bonheur.

Du Nord au Midi, de l'Est à l'Ouest, part un cri spontané: *VIVE LE ROI, VIVENT LES BOURBONS!* Les yeux de la France se tournent vers Calais; — dieux! — quels transports, à la vue de cet heureux vaisseau qui porte le Désiré de la nation! On craint le vent, on craint les vagues, on tremble pour l'abordage.... Il est au port.... Une mère debout sur un promontoire, l'œil fixé sur la plaine humide, n'est pas plus agitée, à la vue de la barque qui lui ramène un fils unique, et que les tempêtes ont long-temps retenu sur des plages lointaines. Tout l'inquiète; elle va, elle vient, elle fatigue le Ciel de ses vœux. Telle était l'immense population qui couvrait les rives de la mer. Heureuse ville de Calais! Dunkerque envie ton sort; mais un Bourbon peut-il oublier, peut-il cesser de récompenser, dans tous les siècles, le généreux dévouement d'Eustache de St-Pierre?

Français, si j'essayais de peindre l'ivresse que vous éprouvâtes à la vue de votre Roi, à la vue de cette auguste Princesse qui était à ses côtés, et dont les traits nobles et touchans, pleins de grâces, rappelaient

---

et de la chûte de Buonaparte, et du triomphe d'Alexandre et des Alliés. Je prie le Lecteur de lire l'épisode d'Adraste. C'est sans doute cette ingénieuse, sublime et intéressante fiction qu'ils se sont avisés de réaliser et de mettre en action.

de si tendres et de si cruels souvenirs ; à la vue de ce
vénérable guerrier, jadis l'appui du trône, et main-
tenant le triste et l'inconsolable Nestor de la cheva-
lerie, vous souririez de pitié ; le délire du sentiment a-t-il des expressions ? — Vous pleuriez, — hélas !
dans vos larmes, il s'en trouvait bien encore quel-
ques-unes d'amères. Fils de St-Louis, auguste famille, vous voilà donc rendus à vos enfans ? Ah, que
votre absence a été longue ! Ah, que nous avons souf-
fert ! — Mais pourquoi parler de nos maux ? Le Désiré
est au milieu de nous ; il nous serre dans ses bras ;
ses larmes se mêlent aux nôtres. Toutes nos peines
sont finies ; elles sont oubliées, elles sont effacées par
sa présence.

La mère qui vient de donner le jour à un héritier,
oublie ses douleurs à la vue de son fils.

Le matelot fatigué, ballotté par une longue tempête, oublie tous ses maux, à la vue du feu St-Elme
qui brille au-dessus de son mât.

Jeune homme, si ton cœur ne te dit rien ; s'il ne
palpite pas à la vue d'un Bourbon, c'est que tu es
né sous un astre malfaisant. Va, cours, interroge
ton père, lis les annales de ta patrie, et tu les con-
naîtras (1).

A peine Louis s'est-il emparé des rênes de l'Etat,
que l'on voit venir à sa suite la Paix, les Arts et le
Commerce. Jetant un voile sur la statue de la Justice,
il ne veut voir dans les Français que des enfans jadis
égarés, repentans et soumis, ou des Français fidèles.
Il se repose sur ces derniers ; il attend d'eux qu'ils lui
aideront à faire la conquête de ses autres enfans, dont les
cœurs sont encore aliénés, en lui sacrifiant, je ne dis pas
seulement tout motif d'ambition, mais encore toute

---

(1) *Interroga patrem tuum et annuntiabit tibi ; majores
tuos et dicent tibi.* Deut. 32.

réparation d'injures passées. Louis ne veut voir des crimes que dans l'avenir; il ne punira que ceux qui désormais troubleront ses vues bienfaisantes. Il rend à la lumière les innombrables victimes de la tyrannie, que les cachots avaient absorbées.

Nos guerriers, instrumens aveugles du nouveau Gengiskan, gémissaient depuis nombre d'années dans les fers; ou ils erraient dans de vastes déserts, ou ils étaient entassés dans des carcasses de vaisseaux. Malgré toutes ses victoires, le farouche, l'ingrat tyran n'avait voulu rendre à la France aucun de ses vieux soldats; au nom de Louis leurs fers tombent; 150 mille Français sont rendus à la patrie : il ne se contente pas de faire ouvrir leurs cachots, il envoie au-devant d'eux des commissaires pour fournir à tous leurs besoins; il les rhabille, il les nourrit; sous son auspice, ils traversent impunément 600 lieues de pays qu'ils avaient naguère ravagés.

C'est Louis, mère infortunée, qui vous rend cet enfant que vous avez tant pleuré ; c'est Louis, épouse délaissée, qui rend à votre couche ce mari dont la longue absence avait flétri vos charmes......
Soldats ! serez-vous ingrats ? .....

La mère jadis se réjouissait à la vue d'un fils maltraité par la nature; elle était fière d'avoir pour soutien un borgne, un bossu, un boîteux; désormais elle s'en affligera. Louis anéantit ces lois monstrueuses qui mettaient en coupe réglée la génération française. Le laboureur et l'artisan ne craindront plus qu'un gouvernement, insatiable de conquêtes, arrache de leurs bras les futurs soutiens de leur vieillesse. — Habitans de la campagne, serez-vous ingrats ?

Sous Louis, une liberté sans bornes vous permettra de parcourir la France et l'Europe même du Nord au midi, de l'Est à l'Ouest, et vous ne rencontrerez aucun inquisiteur à cheval; l'Océan sera étonné de se voir sillonné par nos vaisseaux, et nos vaisseaux seront plus étonnés encore de ne rencontrer ni orage ni tempête: ce sera au pavillon de Louis qu'ils devront ce bonheur.

*Pacatum volitant per mare navitœ.*

Naguère toutes les nations nous rejetaient de leur sein, comme habitans d'un pays ravagé par la peste; la présence de Louis a purifié, disent-elles, notre climat; elles nous ouvrent leurs ports; il n'existe plus de frontières; par-tout on reçoit, on accueille le superflu de nos productions et de notre industrie.

Nos colonies, si long-temps séparées de la mère-patrie, accueillent nos marins comme des frères, que les tempêtes et les orages ont tenus long-temps en mer; elles s'empressent d'échanger nos denrées contre les leurs.

Un gouvernement insatiable de rapines, de concussions, de monopole, s'était emparé exclusivement des branches les plus fructueuses du commerce; s'il s'en dessaisissait quelquefois, c'était au moyen d'un chiffon de papiers qu'il appelait *Licence*, qu'il vendait chèrement; au retour d'une course périlleuse, malgré la *licence*, le vaisseau était confisqué dans les ports du nouveau Thoas; les marchandises étaient volées ou brûlées, en bonne et dûe forme, par ces tribunaux appelés *Conseils des prises*, ou Tribunaux des douanes. C'est ainsi que le soldat-Empereur exerçait à coup sûr et sans danger, sur ses propres esclaves, le métier de forban et de corsaire.

Louis ne veut être ni marchand, ni fabricant, ni navigateur; il veut gouverner son peuple, et laisser à chacun de ses sujets le droit et la faculté d'exercer son industrie; il détruit ces tribunaux d'exception, dont les lois et les formes étaient en contradiction perpétuelle avec le droit naturel, avec le droit public, avec le sens commun.

Artisans, négocians, fabricans, vous êtes tous dans la pensée, dans le cœur de Louis, serez-vous ingrats ?.....

Notre bonheur semble parfait, non pas qu'il le soit encore ; mais l'espérance supplée à ce qui nous manque. Nous avons la paix avec toutes les nations, nous l'avons avec nous-mêmes : à l'ombre de Louis, tous nos maux seront promptement réparés. La morale reprendra petit à petit son empire ; la bonne foi régnera dans le commerce. *Culpari metuet fides.* Le divorce, enfant monstrueux de la débauche, et de cette philosophie perturbatrice, fuira chez les sauvages.

*Nullis polluetur casta domus stupris.*

Mais il faut que celui qui porte dans son cœur le germe de notre bonheur futur, vive assez long-temps pour le réaliser. On craint, on tremble pour ses jours : nos temples retentissent de nos vœux pour lui ; son nom se mêle à toutes nos prières ; il se mêle à toutes nos fêtes.

*Te multâ prece, te prosequitur mero*
*Defuso pateris, et laribus tuum*
*Miscet nomen.*

L'Enfer, constamment jaloux du bonheur des humains, ne put voir, sans frémir, que cette France dont il avait fait le siége de son empire, dût lui échapper à jamais.

Il me faudrait les crayons de Milton pour esquisser la honte, la fureur qui agitent Buonaparte dans son île. Satan, dans le fond de l'abîme, ne pousse pas des rugissemens plus horribles, à la vue des hauteurs dont il vient d'être précipité. Il ne roule pas des projets de vengeance plus affreux. Il semble que tous les démons, sortis de leurs gouffres ténébreux, sont venus siéger dans son cœur.         . . . . . . .

Dans sa chute, il a laissé derrière lui une légion qui est restée intacte, et qui n'a éprouvé aucun échec. Elle est composée de tous ces hommes à qui il avait d'abord dû son élévation. Il les avait ensuite froissés, humiliés ; il leur avait fait sentir le poids de ses chaînes. Sa chute, son humiliation, les avaient même réjouis ; mais ils se proposaient bien de l'en retirer et de l'en relever, après avoir joui de son malheur. Connaissant son caractère audacieux, cruel, féroce, ils espèrent, cette fois, le lier et le conduire de telle façon qu'il ne pourra désormais ruer que sur leurs ennemis, et jamais sur eux-mêmes. Entre des scélérats qui espèrent se tromper mutuellement, un pacte est bientôt fait ; le souverain de l'île d'Elbe souscrit à tout, promet tout.

Il est bon de connaître l'essence et la nature de ces êtres malfaisans, qui, quoique très-divisés entre eux, ne s'entendent et ne s'accordent que sur un point, qui est celui de la destruction des trônes et des autels.

On voit au premier rang les Carnot, les Thibaudeau, les Dumolard, les Barrère, et autres restes impurs de cet amas d'antropophages connus sous le nom de convention ; tous ces modernes Trimalcions qui ont englouti dans des tables luxurieuses, ou dans des lits impudiques, les biens immenses de la Couronne, du Clergé et des fidèles Royalistes. A la tête de ces derniers, on ne peut voir sans horreur celui dont le nom est une injure parmi les plus vils débauchés, dont les amours infâmes font crier la nature : *Qui alios turpissimè amat, aliorum amori flagitiosissimè servit.* Quel est l'homme criblé de dettes, quel est celui que les prisons, les galères, l'échafaud réclament, qui ne marche pas sous leur bannière ? Quel est le régicide, quel est le profanateur de nos temples, quel est l'homme flétri, marqué ;

quel est l'*opulent* banqueroutier, quel est celui dont la langue n'est pas souillée de parjures, dont la main n'est pas teinte du sang de ses concitoyens, qui ne fasse pas partie de ces hordes sanguinaires ? N'y voyez-vous pas rangés tous les spadassins, tous ces riches équivoques, tous les sicaires de l'ancien despotisme, tous les corrupteurs de la jeunesse, toute la jeunesse corrompue, tous ces hommes qui ne doivent leurs places et leur emploi qu'à la prostitution du lit conjugal; tous ces enfans d'antichambre revêtus de noms illustres, tous ces hommes qui, désespérant de vivre avec honneur, espèrent que la mort sera moins ignoble dans les bandes de Catilina, que sur la place publique; tous ces prêtres apostats, qui, depuis vingt ans, sacrifient tour à tour sur l'autel de Baal, et sur celui du Dieu d'Israël ?

A la suite, viennent ces acquéreurs de biens nationaux, ces timides propriétaires, qui savent que le temps ne prescrit jamais contre la conscience. Cette classe d'hommes paraît la plus honnête. Ils sont riches à la campagne et à la ville. Leur langage grossier contraste, il est vrai, avec leur luxe. Mais le spectre d'Hamlet n'est pas aussi effrayant que ne l'est pour eux la vue de celui dont ils se sont gorgés des dépouilles.

Viennent ensuite tous ces avocats, successeurs des Chabroud, des Frétauds, des Lapoule, qui n'ont étudié d'autre droit public que celui du contrat social; qui regrettent le bon temps où ils faisaient retentir la tribune de leur voix glapissante, et faisaient la caricature des Démosthènes, des Isocrate, des Cicéron; tous ces médecins élèves et successeurs de Lamétrie, qui rient de pitié à la vue de l'imbécille *qui ne se croit pas une bête.*

Ces trois espèces d'hommes, placés au centre des

conjurés , pousseront les uns au combat , pendant qu'ils enrôleront les autres. Ils formeront ce qu'ils appellent, dans leur *argot* , l'opinion publique. Ils se répandront dans les cafés , dans les tavernes , où ils étaleront les idées libérales , et où ils instruiront les courtauts de boutique. Tous les écrivains faméliques , vendront leur plume au parti payant. Ce sera de leur arsenal que sortira cette mitraille de pamphlets contre la majesté royale : *Magis vota contrà rempublicam facturi , quàm arma laturi.*

A leurs vociférations , à leurs cris tumultueux , répondront fidèlement les bandes sanguinaires de Sylla , qui, après avoir consommé au sein de la débauche le fruit de leurs rapines , ne se rappellent leurs victoires que pour regretter leur brigandage ( * ). Ils ont soif, ils sont altérés de sang : depuis dix mois ils gémissent du repos qu'éprouve l'humanité. Le soldat ne peut plus ramasser les épaulettes de son capitaine , et le capitaine celles de son colonel. — Ils ont soif; — il leur faut du sang, — fût-ce celui de leur père , de leur frère , ou de leur sœur, — n'importe. — Aux armes ! Aux armes ! La guerre , et la guerre civile !

Sous la protection de ces bandes parjures, marchent prudemment ces êtres amphibies, indifférens à tel ou tel gouvernement. Ils se trouvent au milieu de toutes les tempêtes, et ils ne font jamais naufrage; ils arborent successivement toutes les couleurs, et naviguent sous tous les pavillons; mais ils font nombre et grossissent tous les partis.

L'arrière - ban, comme dans nos processions , se compose de la lie du peuple : il se groupe à la suite du cortège; il en fait partie essentielle ; il sert à

---

( * ) **Sullani** milites , largiùs suo usi , rapinarum et victoriæ veteris memores , civile bellum expectabant. **Salluste,**

orincr, aux yeux des ignorans, ce qu'on appelle a nation. Les vociférations, les hurlemens de la canaille, sont, en terme d'argot, le vœu du peuple.

Cette classe d'hommes qni ne respire que nouveauté, qui ne vit que de séditions, galoppe comme un cheval de louage sous le premier séditieux qui le monte. Il n'a rien à perdre. Sa pauvreté ne peut éprouver aucun déchet. Telle est la bande de scélérats qui, dans l'ombre, travaillent sourdement à renverser de nouveau le trône de Louis.

Les traîtres et les conjurés sont dans le Sénat ; ils sont dans la chambre des représentans, parmi les ministres, dans le conseil même du Roi. Ils sont à la tête des armées, à la tête des villes, des bourgs et des villages. Ils ont déjà marqué leurs victimes ; et, sur la tombe de Louis XVI, ils feront un hécatombe des Bourbons. Si des sujets fidèles veulent faire un rempart de leurs corps autour du trône, tant mieux, ils renouvelleront la journée du 10 août. Tel est leur complot : Louis ne l'ignore pas ; il connaît les principaux chefs de la conjuration ; il pourrait peut-être les faire arrêter ; mais leur arrestation ne ferait qu'en retarder de quelques heures l'explosion. Cicéron, parlant de Catilina, disait aux sénateurs romains : « Si je le fais périr seul, toute la troupe des conjurés restera intacte au milieu de nous, et formera un séminaire de nouveaux Catilina; si, au contraire, je le force à sortir, la sentine infecte du vaisseau de l'Etat se purifiera ; et, sans obstacle, nous combattrons à découvert notre ennemi; nous lui ferons une guerre juste; nous le vaincrons avec gloire, en le forçant à sortir d'embuscade, et à battre la campagne comme un chef de brigands. Alors, périra par l'épée cette multitude que les prisons ne peuvent contenir. » Tel est le parti que prend Louis dans cette circonstance critique. Se reposant sur la foi de ses alliés et de ses sujets, il laisse les conjurés ourdir tranquillement leur trame infernale. L'heure approche et va sonner où toutes les vertus factices s'évanouiront, où toutes les réputations équivoques de fidélité se fixeront à jamais, où tous les sermens seront appréciés. Le livre des consciences s'ouvrira; d'un coup de crible la paille se séparera du grain; les masques tomberont.

Plusieurs tigres échappés d'une ménagerie ne répandent pas plus d'effroi, d'horreur et d'épouvante au milieu d'une grande cité, que n'en répandit au milieu de la France la nouvelle de l'invasion de Buonaparte.

L'étincelle qui doit allumer un feu d'artifice, ne parcourt pas avec plus de rapidité son conducteur, et ne produit pas un effet plus subit. Les vents mutinés, les bruyantes tempêtes s'échappant de leurs prisons, ne portent pas avec plus de rapidité sur la terre et la mer le ravage et la destruction. Le feu de la sédition éclate par-tout et au même instant. Les rochers rendent aussitôt à la lumière ces oiseaux dont les cris sinistres et affreux jettent la terreur dans l'ame. Les animaux féroces que la nature cache au fond des déserts pour le repos de l'humanité, sortent de leur repaire. Un sombre mugissement se fait entendre dans toute la France. Chacun se sent ému, et couvert d'une sueur glacée.

L'impudent mensonge, l'audacieuse imposture, précèdent cet infâme violateur des traités : la trahison le porte dans ses bras : une horrible majesté, empreinte sur son aspect livide, accroît la terreur, augmente son orgueil. Son œil farouche, tel qu'une funeste comète, brille du feu des poisons dont son ame est dévorée. Autour de lui voltigent les noirs soucis, les pâles inquiétudes, les sombres défiances, les injustes soupçons, les timides alarmes, les affreuses vengeances toutes dégoûtantes de sang, les haines éternelles, l'aveugle ambition montée sur des cadavres, renversant et culbutant tout; la stupide impiété, sous le masque de la philosophie, distribuant ses poisons à un peuple imbécille, et bravant le Ciel avec ses blasphèmes (*) ; la discorde faisant siffler ses serpens ; la guerre civile qui se nourrit des chairs palpitantes des mères et des enfans; le désespoir qui s'arrache les entrailles; enfin la mort, qui traine à sa suite les ombres pâles et sanglantes des victimes du 13 Vendémiaire ; celles de l'infortuné Duc d'Enghien, de Pichegru ; celles des empoisonnés de Jaffa; celles de la Bérésina, de Saragosse, Lepsick, etc.

Déjà on croit entendre dans le lointain le cri horrible des verroux, le bruit affreux des chaines.

Sur ce hideux cortège plane un oiseau vorace. Semblable au vautour de Prométhée, de son bec et de ses serres acharné sur la France, il en déchire les entrailles sans cesse renaissantes; il en dévore le cœur toujours palpitant, et se gorge d'un sang qui ne tarit jamais.

Tandis que cette scène d'horreurs se passe dans le Midi de la France, une autre non moins douloureuse, non moins déchirante, afflige sa capitale.

A peine la Renommée a-t-elle répandu cette affreuse nouvelle, qu'un cri spontané d'indignation et de fureur se fait entendre des rives de l'Adour aux bouches de la Loire. Une innombrable foule de Français volent à l'instant auprès du trône, ou pour le défendre, ou pour s'ensevelir sous ses ruines.

---

(*) A l'arrivée de ce grand homme, la populace qui l'escortait, au milieu de ses hurlemens faisait entendre ces cris affreux : *Vive l'Empereur, vive l'Enfer! A bas le Paradis, à bas la calotte !*

Mais L o u i s , fidèle à son plan, ne veut point exposer le salut de la patrie; il ne veut point s'engager dans une guerre équivoque, douteuse dans ses résultats. Depuis long-temps ses alliés sont sur la frontière, prêts à le recevoir et à le protéger contre toute agression intérieure. C'est avec eux, et à la tête de ses sujets fidèles, qu'il combattra l'hydre de la révolte.

Il soulève, aux yeux des représentans de la nation, une partie du voile qui couvre ses projets; il leur annonce, comme un père de famille à ses enfans, qu'il va se séparer d'eux pour quelque temps, qu'il cède à l'orage; mais il se hâte de les consoler, en leur annonçant que sous peu il reviendra pour récompenser les bons, et punir les méchans.

C'est dans cette scène touchante, qu'en présence de la Nation assemblée, il relève dans ses bras affectueux et paternels, le Judas qui, à ses pieds, lui jurait fidélité, et qui, au sortir de ses bras, devait incontinent le trahir.

La résolution royale ne fut pas plutôt connue, que chacun se disputait à qui aurait l'honneur de l'accompagner dans sa retraite momentanée : chacun veut être du voyage; tous veulent l'escorter, sa personne est un dépôt sacré; tous les Français sont solidaires , tous veulent en répondre. Mais Louis fut prompt et discret dans son choix. Les infortunés qui ne purent être admis à cet honneur, poussèrent des plaintes amères; pourquoi, pourquoi partez-vous sans moi?

*Cur sine me, cur sic incomitatus abis !*

Cette nouvelle foudroyante , *que le Roi part, que le Roi est parti*, n'est pas plutôt répandue dans la capitale, que la consternation s'empare de tous les esprits, se peint sur toutes les figures. Un morne silence règne partout. D'un côté on voit s'éloigner le plus tendre des pères, de l'autre on voit approcher un scélérat traîné par d'autres scélérats, bouffi d'orgueil, de colère et de vengeance. Grand Dieu ! se disait-on, n'avez-vous opéré les étonnantes merveilles dont vous venez de nous rendre témoins, que pour laisser tout aussitôt triompher le crime ? Ne nous avez-vous rendu heureux quelques instans, que pour nous rendre plus malheureux encore ? Ne nous avez-vous fait goûter les douceurs d'un règne paternel, que pour nous replonger dans l'abime de maux dont votre bras puissant nous avait retiré ? Grand Dieu ! si dans ces fleuves de sang et de larmes qui coulent depuis tant d'années, nous n'avons pas encore lavé nos iniquités, ah ! prenez, choisissez encore parmi nous des victimes, mais du moins épargnez notre père. Epargnez, protégez cette auguste fille du plus malheureux des Rois ! le sang de Louis fume encore.... le sang d'Enghien crie.... ne sera-t-il pas écouté ? Ne nous restera-t-il qu'un chemin de larmes et de douleurs pour aller au tombeau ? N'aurons-nous d'autre consolation que celle de compter beaucoup de compagnons de malheurs ?

*Solamen miseris socios habuisse malorum.*

Mais quittons ce désolant tableau ; laissons pour un moment ce monstre souiller de son infâme personne le palais de nos Rois. Hâtons-nous d'arriver au dénouement de cette sanglante tragédie dont le plan a été conçu dans le ciel, dont les acteurs sont parmi nous, et dont la catastrophe est prochaine.

La Providence, féconde dans ses moyens, paraît cependant renouveler de temps en temps les scènes avec lesquelles elle a déjà instruit les hommes. C'est sans doute pour les consoler, soutenir leur confiance et leur rendre plus facile la solution de ses projets qui , aux yeux de la multitude aveugle, paraissent enveloppés du voile épais de l'avenir.

La retraite de Louis sur les terres de ses Alliés , me rappelle le Roi-Prophète fuyant au milieu de quelques braves le feu de la sédition. Louis, comme David , rencontre plus d'un Semeï qui lui vomissent des injures , et lui jettent des pierres. Louis, comme David , aura dans le conseil des révoltés , aussi des Chusaï, c'est-à-dire des sujets fidèles qui entraîneront les conjurés par de perfides conseils dans le précipice. Louis, comme David , malgré sa clémence, ne pourra arracher à la justice divine aucune de ses victimes. Louis , comme David, ne voudra voir dans cette révolte que des enfans égarés ; et le Ciel y verra de monstrueux coupables , dont la punition doit effrayer les races futures. Louis à Gand , comme David à Mahanaïm , n'apprendra qu'avec désespoir le triomphe de sa cause ; il redemandera aux champs de bataille ses enfans, victimes du mensonge et de l'imposture.

Mais , arrêtons-nous , et ne pénétrons pas les mystères de l'avenir.

L'Europe a appris dans vingt ans de calamités que nos malheurs domestiques étaient un fléau pour elle ; elle a appris que son repos dépendait du nôtre. La nouvelle de l'infraction du traité de Fontainebleau n'est pas plutôt connue, que tous les Rois prennent une attitude guerrière et formidable , pendant qu'une partie de la France court aux armes pour venger l'honneur de la patrie insulté dans la Majesté Royale. L'heure de la vengeance céleste approche : il est des crimes qui , soit par leur énormité , soit par la qualité du coupable, soit par la multitude des complices , sont au-dessous de la justice des hommes, et qui appartiennent essentiellement à la justice divine. Elle seule en connait, elle seule prononce, elle seule choisit les exécuteurs de ses jugemens.

Cette armée, qui depuis tant d'années a porté la désolation chez nos voisins, qui, sous un chef féroce, a souillé non-seulement sa propre gloire, mais encore celle de ses aïeux, qui a juré fidélité aux drapeaux des Condé, des Turenne, qui a été lâchement perfide et parjure, sera punie. Son crime est au-dessous de toute justice humaine ; *le Dieu des armées en tirera vengeance, car il l'a prononcé ; et qui infirmera son arrêt ! Son bras est étendu, et qui le détournera* (*) ?

Déjà les armées sont en présence , elles sont animées d'une égale ardeur. Là est le souvenir des injures passées, ici la honte de combattre pour ses foyers ; là on voit une noble modestie, ici une aveugle présomption ; là on se bat pour la foi des traités, ici pour la défense du parjure : les uns sont soutenus par la confiance dans la justice de leur cause , les autres par le souvenir de leurs exploits passés ; là éclate une noble et généreuse constance , ici la fureur ; là l'honneur, ici l'opprobre et l'infâmie ; enfin l'équité, la modération, le courage, la prudence, et toutes les vertus vont se heurter contre l'iniquité, l'ignorance, la témérité et tous les vices ensemble. La sagesse se trouvera aux prises avec la folie ; et un espoir fondé sur d'immenses ressources , en cas de disgrâces, combattra corps à corps un affreux désespoir en cas de revers.

Tel est l'esprit qui anime les deux armées. Déjà le démon des combats répand ses fureurs , appelle à son secours la terreur et la mort. Les baïonnettes

--------

(*) Dominus enim exercituum decrevit : et quis poterit infirmare ! Et manus ejus extenta , et quis avertet eam !

*Isaïe* , ch. 14, vers. 27.

remplacent les épis qui dorent les campagnes ; la dernière raison des Rois à des peuples mutinés se fait
entendre ; la foudre gronde. La pitié généreuse, la
douce humanité fuyent avec horreur un champ qui
va devenir celui du carnage. Les habitans des rives
de l'Oder et de la Sprée, cherchent avec fureur les
vainqueurs d'Eyland ; celui de Vittoria, cherche
celui d'Austerlitz. L'impitoyable mort moissonne dans
tous les rangs et dans les deux armées ; mais le Ciel
n'entend pas laisser indécise sa propre cause. C'est ici,
c'est dans les champs de Mont-Saint-Jean que les
perfides et les parjures doivent trouver leur tombeau :

*Perfidiæ pœnas exigit ille locus.*

La confusion, la terreur, l'horreur et le carnage se
précipitent dans leurs rangs ; ils tombent aussitôt sous
les coups de leurs ennemis, comme dans une abon-
dante moisson les épis tombent sous la main du mois-
sonneur. Au milieu du carnage, ces héros jadis si
redoutables à leurs ennemis, pleins d'un affreux désespoir, croyent ne pouvoir mourir avec gloire que de
leurs propres épées, ils s'entretuent les uns les autres.
A la vue de cet horrible spectacle, la fureur cède à
la pitié. L'ennemi stupéfait veut tenter un effort
pour arracher à la mort ces malheureuses victimes.
Mais, encore une fois, ils sont traîtres, ils sont parjures ; et si l'humanité frémit, la Divinité sourit.

Venez, retournez sur ce champ de bataille,
vous, chefs de la conspiration ; vous qui, par votre
exemple et par vos conseils avez entraîné cette brave
armée dans cet abîme. Voyez cette garde que vous
appelliez *impériale ;* elle n'est plus, et Vous existez !
L'ennemi n'a pu l'anéantir, elle s'est détruite elle-
même, ne pouvant survivre à son honneur ; et c'est
vous qui venez nous le raconter ! ....

Venez sur ce champ de bataille, jeunes fédérés

héritiers de vos pères les jacobins ; venez, voyez le fruit des idées libérales, parcourez ce funeste champ. Hier l'histoire écrivait encore les noms de vos victimes parmi ceux des héros, aujourd'hui elle ne fera mention d'eux que pour les ranger à côté des Coriolan, des Spartacus et des Catilina. Hier un père était fier de compter son fils dans cette redoutable phalange, aujourd'hui il rougira de produire son extrait mortuaire.

Impudens libellistes, qui trompiez le peuple avec des mots vides de sens, voyez ici cet amas de cadavres ! Hier ces braves crurent à vos pamphlets, aujourd'hui ils ne sont plus. Hier Louis avait une armée qui devait rendre sa couronne indépendante, aujourd'hui il ne la tiendra que de la bonne foi de ses Alliés. Hier la France était un état puissant sous la protection de Louis, aujourd'hui si elle existe en corps de nation, elle en sera redevable à la majesté imprimée sur le front de votre auguste Roi.

Vous tous qui vous destinez à la carrière des armes, apprenez aux plaines de Mont-Saint-Jean, qu'en France mourir *pour la patrie*, c'est mourir *pour son Dieu, pour son Roi ;* et quiconque combat contre lui, n'a de place dans l'histoire qu'à côté des célèbres malfaiteurs. Apprenez que dans un état libre, l'armée ne peut rien vouloir, et qu'une volonté de sa part est essentiellement une révolte. Que le courage sans honneur est une qualité qui est commune à l'homme avec ces féroces animaux qui habitent les déserts de l'Afrique, avec l'animal qui le porte au combat. Le Mamelouck, le Janissaire avec tout son courage n'est qu'un féroce automate qui se meut, qui se bat, qui meurt au gré, aux caprices d'un despote (*).

_______________________

(*) Sous un despote, le militaire est un instrument aveugle des fureurs de son maître ; il fusille, il mitraille, il étrangle

L'honneur seul, ce sentiment délicat de ce que l'on doit à la patrie et à soi-même, qui étouffe le moi pour vivifier le tout, est ce qui distingue essentiellement l'homme civilisé, et surtout le guerrier de la brute. Ce sentiment actif est une source féconde en grandes actions, et le plus noble mobile du cœur humain. Si au contraire le militaire, prend pour de l'honneur l'orgueil, qu'il sache et qu'il apprenne que c'est un ballon plein de vent ; que si on lui fait une piqûre, il en sortira des tempêtes , au milieu desquelles il périra sans gloire.

Français , que cette funeste et terrible leçon soit pour vous et pour vos neveux la dernière.

Deux fois dans un an Dieu vous livre pieds et poings liés aux étrangers , deux fois dans un an votre Roi vous arrache à leur fureur et à leur vengeance si justement méritées. Dieu est patient , parce qu'il est éternel ; mais il n'est pas éternellement patient. La soumission de vos pères à leurs Rois légitimes , vous a donné quatorze siècles d'existence au milieu des nations de l'Europe. La Providence vous tira des forêts de la Germanie, pour être l'instrument de ses vengeances contre le peuple Romain , ce peuple-roi devant lequel toutes les nations étaient courbées ,

---

son père , ses frères , ses sœurs , tout objet que le despote lui présente. Sous un monarque , chaque militaire répond comme cet officier à Charles IX lors du massacre de la saint Barthélemi, qu'il a l'honneur de commander à des soldats , et non pas à des bourreaux. L'honneur chez le militaire est une barrière insurmontable entre le despotisme et la vraie liberté. *Ce n'est point l'honneur qui est le principe des états despotiques ; les hommes y étant tous égaux, on ne peut s'y préférer aux autres ; et les hommes y étant tous esclaves, on n'y peut se préférer à rien.* ( Esprit des lois , liv. 3 , ch. 8. )

dont les traces n'existent aujourd'hui que dans des fragmens d'histoire, ou dans des monumens épars que le temps affaiblit et ruine tous les jours. Aucune nation de l'Europe ne peut produire d'aussi anciens titres de noblesse que vous. Vous êtes les aînés de la famille européenne, soit dans le métier de la guerre, soit dans les arts, soit dans la civilisation. Depuis vingt-cinq ans vous avez marché à pas de géant vers la décrépitude. Seriez-vous arrivés à ce terme fatal où las de vivre comme vos pères sous le joug de la morale et de la raison, vous voulez vous ensevelir dans l'abîme de l'oubli, comme tant de peuples qui vous ont précédés? Encore une révolution chez vous, et vos voisins consommeront l'œuvre de la Providence. Elles anéantiront une nation dont l'existence est contraire à leur repos, et ses restes infortunés seront dispersés sur le globe, comme le blé à travers un crible (*). Le laboureur, lorsque son champ ne produit que l'ivraie, le retourne avec sa charrue, en arrache soigneusement jusqu'aux plus petites racines, et change la semence. Telle a été et telle sera constamment la marche de l'Eternel à l'égard des nations.

Je ne vous déroulerai pas les monumens des différens peuples qui ont existé et qui n'existent plus. Jetez les yeux seulement sur la Pologne. Vous avez tous vu le partage de ce royaume inquiet, turbulent, toujours agité et toujours agitant. Ne venez point, épais philosophes, nous montrer grossièrement l'ambition des Rois dans cette dislocation; souvenez-vous encore une fois que les passions des hommes ne sont autre

---

(*) Ecce enim mandabo ego, et concutiam in omnibus gentibus domum Israel, sicut concutitur triticum in cribro.

*Amos.* ch. 9, v. 9.

chose que les voiles dont la Providence se sert pour conduire toutes choses à leur fin. Les Rois aujourd'hui sont clémens à votre égard, parce que Dieu l'est encore; mais ils seront ambitieux, lorsque l'heure de votre destruction aura sonné. L'Éternel a l'œil fixé sur vous; il vous a fait sentir deux fois dans un an votre néant. Il vous a fait voir que toute votre sagesse n'était qu'un esprit de vertige, que vos philosophes, vos savans n'étaient que des fous et des ignorans. Il vous a fait voir que vous ne teniez votre existence en corps de nation que d'emprunt. Si vous ne profitez de ces éloquentes, mais terribles leçons, vous recevrez le châtiment que tant de nations ont éprouvé avant vous, et vous serez anéantis et dispersés.

*Ecce oculi Domini Dei super regnum peccans et conteram illud à facie terræ.*

Amos. ch. 9, v. 8.

# AVANT-PROPOS.

Dans cet opuscule, j'ai suivi pas à pas l'auteur de l'Examen rapide du gouvernement des Bourbons. Peu confiant sans doute dans ses moyens d'attaque, peu fier de sa logique, bien moins encore de son style, peut-être rougissant de l'abus honteux qu'il faisait de sa plume, il a cru devoir garder l'anonyme. C'est ce donc je le félicite. Mais, s'il a eu la prudence en partage, il n'a pas eu du moins cette délicatesse de conscience qui distingue les Verger, les Redarès, les Permezel, qui dans leurs criminels écrits n'ont laissé flotter sur personne le soupçon de leurs iniquités.

Cet auteur n'a eu d'autre mérite à mes yeux que celui de m'offrir un *compendium*, fait de toutes les inepties que le parti avait dit et distribué dans le peuple dans mille et mille pamphlets. En m'attachant à lui, je les réfutais tous, et il m'épargnait la peine et le désagrément de les lire. Si mon ouvrage a quelque mérite, c'est à cet auteur que vous et moi en aurons obligation.

# PREMIER GRIEF.

## *Abolition des couleurs nationales.*

Pura super steriles tollunt se lilia dumos.

LE lis par sa blancheur a offusqué les yeux de ces hommes qui, semblables au hibou, ne peuvent supporter l'éclat du jour. On a insulté la Nation, disent-ils, en supprimant ses couleurs chéries, en détruisant les bannières sous lesquelles nos héros avaient triomphé.

L'éclatante pureté de l'antique oriflamme de Louis IX, contraste, il est vrai, avec le drapeau aux trois couleurs. Mais voyons si ce dernier avait réellement acquis le droit de proscrire à jamais celui des lis.

Si l'héroïsme a brillé sous ces couleurs toujours chères aux factieux, si le drapeau tricolore a été témoin des hauts faits de nos frères d'armes, ne l'a-t-il pas été aussi des noyades de Nantes et des mariages républicains ? N'a-t-il pas rallié les Marat, les Robespierre, les Couthon, les Saint-Just, les Lebon, les Albitte, les Châlier, les Collot-d'Herbois, etc. ? N'est-ce pas sous cette bannière, que l'on mitraillait les habitans de Lyon, pendant qu'on décorait cette ville du nom pompeux de *Commune affranchie !* Hommes imposteurs et perfides, les appelerez-vous *nationales* ces couleurs d'exécrable mémoire, sous lesquelles l'histoire peint les bourreaux de Louis XVI, les cannibales du 2 et 3 septembre, le héros du 13 juin, l'assassin du duc d'Enghien, le juge de Moreau et Pichégru, le vainqueur de

Moscou ? Non , non , laissez nous nos lauriers ; ils peuvent être sans tache : l'erreur est à nous , mais le crime vous appartient.

Si pleins d'horreur , nous fuyons votre horrible bannière ; et si nos yeux rencontrent l'oriflamme de Louis , ah ! de quels souvenirs vient-il frapper notre ame ! Mettrons-nous un parallèle entre quatorze siècles d'une gloire pure et sans tache , et vingt-cinq ans de troubles , de convulsions , et de crimes , que nous venons de traverser ? Le guerrier rougira-t-il de marcher sous l'étendard des lis , qu'ont suivi les Lahire , les Duguesclin , les Gaston , les La Trimouille , les Bayard , les Condé , les Turenne , les Catinat , les Falbert ? Encore une fois , perfides ! ne songerez-vous donc jamais qu'à humilier et à couvrir d'opprobres votre patrie , en lui remettant sans cesse sous les yeux le symbole de ses erreurs et de vos crimes ? Et sous le perfide prétexte de lui conserver ses titres de noblesse , voulez-vous la livrer à la mémoire des races futures , couverte des haillons de sa misère , pour vous venger de l'inexorable histoire , qui gravera sur ses tables d'airain vos noms , vos crimes et vos forfaits ?

# SECOND GRIEF.

Il faut constamment rappeler les premiers élémens du droit public, à ces folliculaires toujours travaillés de cette manie de regarder leur souverain comme le premier commis salarié de la nation. Il faut leur rappeler que toute puissance même paternelle vient de Dieu, *omnis potestas à Deo*. Ils paraissent s'indigner que le Roi de France donne aux Français *une déclaration royale*, tandis que, selon eux, la Nation devrait donner au Roi une déclaration nationale.

Il est sans doute au pouvoir des sophistes d'obscurcir pour quelque temps les principes les plus clairs et les plus évidens. Mais quels que soient les efforts de ces nouveaux Titans contre l'Auteur de toute vérité, ils retombent et retomberont toujours dans la poussière.

Ce n'est pas d'aujourd'hui que les factieux font retentir ce mot vide de sens, *la volonté de la nation*. Dans les oracles de la Nation, comme dans ceux de la Pythonisse, les factieux ont toujours lu la sanction de leurs crimes. C'était *au nom de la nation* que les Gracques armaient le peuple Romain contre l'autorité légitime ; c'était *au nom de la nation* que les Marius et les Sylla se baignaient dans le sang de leurs concitoyens ; c'était *au nom de la nation* que les Armagnac agitaient leur patrie ; c'était *au nom de la nation* que les protestans à la Rochelle proclamaient une république ; c'était *au nom de la nation* que les Ligueurs catholiques disputaient le trône à Henri IV ; c'était *au nom de la nation* que tous les crimes de notre révolution s'étaient commis ; et c'est encore *au nom de la nation* que les restes impurs de notre révolution essayent d'élever de nouveau sur le pavois celui à qui la France et l'Europe entière crient : *Tyran, descends du trône, et fais place à ton Maître.*

L'histoire nous présente, il est vrai, quelques factieux heureux, tels que des Brutus, des Césars et des Cromwel. Mais ne nous donne-t-elle pas aussi, dans les maux qui ont accompagné et suivi tous leurs forfaits, une leçon éloquente et terrible ? Ne nous dit-elle pas dans chacune de ses pages, que nous ne braverons jamais impunément les lois fondamentales de la société (*) ? et le déluge de maux qui nous accablent depuis vingt-cinq ans, n'en est-il pas une funeste et terrible expérience ? Non, en dépit de tous ces sombres rêveurs de bonheur et de liberté, jamais un peuple ne changera impunément *la famille qui le régit.* C'est à ce principe sacré, c'est à son attachement inviolable à la loi salique, que la France doit ses quatorze siècles d'existence. C'est cette loi salutaire qui, repoussant tout usurpateur, l'arracha, sous Charles VII, au joug de la Grande-Bretagne, et rejeta au delà des mers Henri VI, couronné roi de France à Paris.

---

(*) Et terra infecta est ab habitatoribus suis ; quia transgressi sunt leges, MUTAVERUNT JUS, ET DISSIPAVERUNT FŒDUS SEMPITERNUM. ( *Isaïe*, ch. 24, vers. 5. )

Mais les novateurs affectant un zèle hypocrite, pour la gloire et l'honneur de leur patrie, nous disent :

*Si pendant 25 ans le gouvernement de la France a été illégitime, tous les actes qui en ont suivi ont donc été l'ouvrage de la rebellion et du crime, et cette immutabilité du trône flétrit les lauriers de nos soldats, et des héros en fait des criminels.*

L'intention seule fait le crime. Oui, sans doute, les novateurs de l'Assemblée constituante, tels que les Mirabeau, les Barnave, les Bailly étaient criminels. Oui, sans doute, cette Convention, d'exécrable mémoire, était criminelle; mais le peuple égaré l'était-il? mais le soldat qui croyait se battre pour son pays, et qui dans le fait ne versait son sang que pour d'ignobles factieux, l'était-il? Non, sans doute; c'était toujours l'amour de la patrie qui les dirigeait. Aussi le Roi a-t-il revendiqué tous leurs hauts faits comme faisant une partie essentielle de la gloire de sa nation. Mais, si ces héros ont droit à la reconnaissance et à l'estime générale, conserverons-nous le même respect pour ces vils tyrans qui se targuèrent du titre de législateurs, qui pendant quinze ans nous vomirent quarante mille lois plus absurdes, plus ridicules, les unes que les autres, et qui seront pour nos neveux le monument le plus bizarre que la stupidité ait pu enfanter? Serons-nous forcés d'admirer ces *Syeies* qui nous donnèrent cinq ou six constitutions, et nous firent faire en vingt-cinq ans, la même course que les Romains firent en sept siècles, qui nous promenèrent rapidement d'une monarchie modérée, à une monarchie dite constitutionnelle; de là, par un forfait inoui dans nos annales, à une affreuse oligarchie; puis au gouvernement des Pentarques; de là, au Triumvirat; et enfin au plus cruel despotisme militaire, sous le nom d'Empire?

Serons - nous forcés d'encenser les statues de ces prétendus savans qui, pour *adoucir nos mœurs*, convertirent la France en une vaste prison, rendirent la moitié des citoyens bourreaux de l'autre moitié, firent planer pendant tant d'années l'instrument de la mort sur la tête de tous les Français ? qui, pour *étendre nos connaissances*, enveloppaient dans leurs vastes proscriptions et les magistrats, et les guerriers, et les savans, et les littérateurs, et les négocians, et les fabriquans, et l'homme paisible des champs ?

Non, sans doute, les Bourbons et la France les déclarent rebelles ; ils vouent leur nom et leur mémoire à l'exécration de nos neveux.

Les Bourbons, pénétrés de ce principe salutaire, que le salut du peuple est la loi suprême (*), ont cru devoir jeter un voile sur la statue de la justice, pour se livrer tout entier aux sentimens de clémence qui les animent ; mais ils n'ont fait qu'irriter des ingrats. Ces hommes pervers ne peuvent croire à la vertu ; depuis tant d'années ne se repaissant que de vengences ; ils ne peuvent croire au pardon des injures : cette vertu est trop grande, trop sublime, trop élevée pour entrer dans des cœurs retrécis, desséchés par le crime : l'ame d'un criminel est trop étroite, pour comprendre une aussi vaste vertu. Voilà pourquoi ils accusent le cœur de Louis de nourrir en secret l'arrière-pensée de la vengeance jusqu'à des temps plus propices.

L'antique formule de : *Roi par la grâce de Dieu*, irrite messieurs les libéraux et philantropes ; ils veulent absolument que si les Bourbons règnent, ils fassent à la philosophie *hommage-lige* de leur couronne. Mais, ne leur en déplaise, la nation, ou du

_______

(*) Salus populi suprema lex esto.

moins cette saine et majeure partie du peuple Français, qui ne s'est point laissé corrompre par le philosophisme, reconnaîtra toujours dans son Roi légitime le représentant sur terre de l'autorité divine,
comme l'enfant la reconnaît dans son père.

Chaque père de famille dit que Dieu lui a donné
ses enfans, de même le Roi dit en France que Dieu
lui a donné son peuple, et que *c'est par la grâce de
Dieu qu'il est Roi de France.* Chaque enfant sait que
son père règne sur lui *par la grâce de Dieu*, de même
chaque Français sait et croit que le souverain légitime
règne sur lui *par la grâce de Dieu.*

Cette formule qui soulève messieurs les philosophes
et législateurs modernes, lie essentiellement le souverain avec son peuple; c'est dans cette formule qu'ils
lisent l'un et l'autre leurs devoirs réciproques; c'est elle
qui apprend aux Français qu'il ne leur est pas plus
libre de changer de souverain, que l'enfant peut
changer de père; c'est elle qui apprend au souverain
qu'il ne peut pas plus opprimer ses sujets, qu'un père
peut opprimer ses enfans.

Enfin cette formule est en Europe parmi toutes les
puissances qui composent la grande famille chrétienne,
une barrière insurmontable en faveur du peuple contre
le despotisme, et un gage sacré de la soumission, non
pas servile, mais filiale du peuple envers son souverain (*).

---

(*) Ces vérités peuvent acquérir un nouveau degré de force
dans la force d'un des coryphées de la secte. Ecoutons-le parler.

« Nos gouvernemens modernes doivent incontestablement au
Christianisme leur plus solide autorité, et leurs révolutions
moins fréquentes ; il les a rendus eux-mêmes moins sanguinaires : cela se prouve par le fait, en le comparant aux gouvernemens anciens. La religion mieux connue, écartant le fanatisme, a donné plus de douceur aux mœurs. Ce changemens

# TROISIÈME GRIEF.

On accuse le Roi d'avoir purgé le Sénat, ce premier corps de l'Etat, de quelques hommes connus, dans toute la France, pour être les auteurs immédiats de nos maux.

On accuse le Roi d'avoir éloigné de sa présence les assassins de son frère, les bourreaux de son peuple.

Pour inspirer de l'intérêt, on transforme ces êtres dont les mains sont encore dégoûtantes du sang de leur Roi et de leurs concitoyens, on les transforme, dis-je, *en des hommes courageux et recommandables.* Serons-nous donc toujours dans ce 18.<sup>e</sup> siècle, où les mots changeaient de valeur, où les vertus se convertissaient en crimes, et les crimes en vertus? — Ces hommes audacieux voudront que le Sénat, premier corps de l'Etat, qui doit être constamment en relation intime avec son Souverain, soit composé d'assassins; ils voudront que le Roi siége au milieu d'eux, médite et délibère avec eux sur le bonheur des Français. Dans leur panégyrique, ils ont l'impudeur de présenter ces hommes à l'admiration de leurs concitoyens, comme s'étant signalés par une opposition constante aux actes arbitraires : qu'ils nous disent du moins où, quand, et comment? Loin que ces Sénateurs aient jamais opposé une barrière au despotisme, n'ont-ils pas, au contraire, comme de vils jongleurs et de sales histrions, flagorné le tyran? Ne les a-t-on pas toujours vu courir au-devant de ses

---

n'est point l'ouvrage des lettres ; car partout où elles ont brillé, l'humanité n'a pas été plus respectée : les cruautés des Athéniens, des Egyptiens, des Empereurs de Rome, des Chinois, en font foi. » ( *Emile,* tom. 3. )

plus extravagantes entreprises ? N'est-ce pas ce Sénat *conservateur*, qui, au lieu de faire rendre compte au déserteur de Moscow et de la Bérézina, de la plus belle armée que la France eût jamais mis sur pied, n'est-ce pas ce Sénat, dis-je, qui le complimente, le flagorne par de basses flatteries, et qui cherche à le tirer encore de l'opprobre où la Providence venait de le plonger, pour le présenter ensuite à la Nation Française, comme un héros digne d'admiration ?

N'est-ce pas ce Sénat qui, venant de sacrifier encore une fois à l'ambition frénétique de son maître, couze cent mille Français, ordonne qu'il sera élevé un monument sur les Alpes pour consacrer le souvenir de son esclavage ? Qui est-ce qui doute que s'il eût pris fantaisie au moderne Caligula de placer son cheval au milieu de *ces hommes courageux et recommandables*, tout le corps se serait levé pour aller au-devant du nouveau *Pair !*

Ah ! convenons-en, cette opération du Roi ressemble bien plutôt aux travaux d'Hercule, lorsqu'il nettoya les écuries d'Augias.

Cependant, disons-le pour l'honneur de la Nation : dans le corps gangrené de la Représentation, il se trouvait quelques Membres qui avaient su se préserver de la contagion presque universelle, et qui portaient encore dans le secret de leur cœur ces principes qui constituent le vrai Français, c'est-à-dire, l'homme vraiment libre.

Oui, c'est à vous, généreux Lainez, que je pense entraçant ces lignes. C'est vous qui sûtes braver le despotisme ; c'est vous qui sûtes faire entendre à un tyran étonné, les accens fiers et terribles d'une Nation opprimée, mais qui sent encore sa dignité.

# QUATRIÈME GRIEF.

DE toutes les fautes dont notre censeur accuse le gouvernement royal, il n'en est qu'une seule qui ait quelque apparence de vérité; c'est celle relative aux Droits réunis.

En effet, MONSIEUR, Lieutenant - général du Royaume, touché des plaintes du Peuple, promit l'abolition de cet impôt odieux et vexatoire; il est possible que, dans cette promesse, il ait écouté les mouvemens de son cœur avec un peu trop d'indiscrétion.

La plaie de l'Etat n'était point sondée, il ne connaissait point l'énorme et criante dette de dix - sept cents millions, que le *vainqueur de Montereau et Montmirail* nous avait léguée en partant.

Il ne connaissait point encore le quotient de ces innombrables pensions dont l'Etat allait être chargé en faveur des malheureuses victimes de l'ambition.

Il ne connaissait point encore tous les maux que laissait à réparer le fléau dévastateur de la guerre dans les provinces qui en avaient été affligées.

Combien le cœur de S. M. n'a-t-il pas dû saigner, à la vue de tant de maux qui pesaient sur son peuple! Sans doute un autre que lui eût été moins embarassé; il eût détruit cet impôt odieux, et il l'eût aussitôt remplacé par un autre plus odieux et plus tyrannique encore. Mais un Roi n'agit pas ainsi; si les habitans des campagnes, les propriétaires, es citoyens des villes sont ses enfans, les militaires, victimes de leur dévouement pour la chose quils croyaient publique, n'occupaient pas une moindre place dans son cœur.

Il faut qu'il concilie les intérêts des uns avec les devoirs de la patrie à l'égard des autres.

Il ne pouvait donc faire autre chose que d'abréger autant qu'il était possible les souffrances de son peuple : déjà son espoir et le nôtre commençaient à se réaliser; l'exercice des Droits réunis était devenu bien moins onéreux; chaque ville avait pu même s'y soustraire : une sévère économie dans les finances, une amélioration prodigieuse dans nos changes avec l'étranger, le crédit public consolidé, le produit de nos douanes considérablement augmenté, les retours prochains de nos expéditions maritimes allaient combler nos vœux et cicatriser nos plaies. Mais, vaines illusions! Des hommes qui depuis vingt-cinq ans s'étaient constamment attachés à déchirer leur patrie, jaloux de son bonheur prochain, machinaient sourdement, et dans l'obscurité, une nouvelle désolation. Ils rappellent au milieu d'eux celui qui naguère avait fui chargé des malédictions du peuple. L'ennemi du genre humain reparaît, et à l'instant s'évanouissent, comme un songe, la paix et le bonheur.

---

# CINQUIÈME GRIEF.

## *Suppression de la liberté de la presse.*

Il en est de la liberté de la presse comme de toutes les autres libertés civiles ou religieuses.

On sait le mot de Charles IX à l'amiral de Coligny : *Au commencement,* lui disait-il, *vous autres Protestans, étiez contens d'une petite liberté, aujourd'hui vous voulez être nos égaux, demain vous voudrez être les maîtres, et après demain vous nous chasserez.* Il en est, de nos jours, de la liberté de la presse, comme du temps des Protestans de la liberté civile ou religieuse. Semblable à la lice qui supplie sa voisine pour la laisser mettre bas sous son toit, lorsque sa portée est devenue forte, elle finit par s'emparer du logis hospitalier, et par chasser sa charitable amie: tels ont été les Protestans, jadis; tels ont été les philosophes de nos jours, sous le gouvernement de nos Rois: d'abord ils ne demandaient que ce qu'on ne pouvait pas refuser à l'humanité, disaient-ils; ils avaient droit, comme tous les hommes, de déposer dans le sein du public la masse de vérité qu'ils avaient découverte, qu'ils avaient nourrie et fomentée depuis long-temps dans leur cerveau, pour le bien de tous les peuples : la Philosophie en travail ne demandait qu'un petit coin, chez un Imprimeur, pour déposer les germes précieux qui devaient d'abord éclairer la France, puis ensuite l'incendier.

La liberté de la presse a été un puissant levier entre les mains de tous les factieux; ils ont toujours crié au despotisme, lorsqu'une autorité sage réprimait les écarts de leur plume; semblables à ces marchands d'orviétan, qui crient contre le despotisme des médecins, qui les empêchent de vendre à un peuple crédule des poisons, sous l'étiquette mensongère du baume de longue vie.

On ne peut mieux confondre l'impertinent censeur du gouvernement royal, qu'en faisant un parallèle entre la liberté de la presse sous le règne de Louis XVIII, et celle dont nous a gratifié Buonaparte, depuis son infâme violation du territoire français.

Sous le Roi, Carnot, assassin de son Souverain, fait l'apologie de son crime, il veut en souiller tous les Français; il s'en targue aux yeux de toute la nation; il adresse au Roi lui-même son infâme libelle, et il le fait colporter dans toute l'étendue de la France.

Pour toute vengeance , le Roi l'abandonne au mépris public.

Sous le Roi, les jacobins de 1793 , en criant contre la censure, vendent et affichent les plus dégoûtantes diatribes contre le Gouvernement ; divers journaux les accueillent, les impriment, les distribuent au milieu de la Capitale, sous les yeux du Roi et sur la surface de toute la France.

Sous Louis XVIII , comme sous le règne d'Auguste, la censure n'était redoutable qu'aux timides colombes.

*Corvis parcit , vexat censura columbas.*

Le chef des factieux paraît à la tête des conjurés ; son premier acte d'autorité est de supprimer la censure : il proclame la liberté de la presse, et le jeune homme se hâte de tailler sa plume ; il veut faire part au public de ses profondes réflexions ; il a beaucoup médité dans les lycées ; il veut à son tour régenter l'espèce humaine. La censure est supprimée ; et il espère qu'il pourra dire impunément toutes les niaiseries, toutes les fadaises philosophiques qu'il a ramassées sous les bancs ; effectivement il le pourra. Mais si , amateur de l'ordre ; mais si , plein d'attachement pour le bonheur de sa patrie ; si, touché des maux que lui préparent les empoisonneurs de toute morale, il veut s'opposer au torrent, éclairer ses concitoyens, et combattre les factieux sous la protection de la liberté de la presse, ah ! c'est alors qu'il reconnaîtra son erreur ; c'est alors qu'il saura que cette liberté n'est autre chose que le droit de vendre seul et sans exclusion, en gros et en détail, les rêveries et les sottises consignées dans les volumineux arsenaux des Rousseau, des Voltaire, des Diderot, des d'Alembert, des Condorcet, des Raynal, des St-Lambert ; c'est le droit de vendre en détail l'Encyclopédie, de distribuer à un peuple léger, crédule et avaleur de frimas, toutes sortes de drogues, tantôt sous une étiquette, tantôt sous une autre.

Ces nouveaux Diogène, porteurs de lanternes en plein midi, savent fort bien que leur lumière est d'un triste effet au milieu des rayons du soleil; semblables à ces insectes phosphoriques qui rampent dans l'obscurité de la nuit, ils s'éclipsent sitôt que l'horison s'éclaire; aussi est-il essentiel pour eux de fermer hermétiquement tout passage aux rayons de la lumière; aussi font-ils une guerre à mort à quiconque est assez hardi pour, armé du flambeau de la vérité, les troubler dans leur auréole, arracher leur masque d'hypocrisie, et mettre au jour leur turpitude.

Tous les moyens qu'ils appellent tyranniques dans les mains de l'autorité légitime, ne sont chez eux que de faibles mesures pour arrêter et comprimer l'audace de leurs adversaires. Voilà pourquoi, depuis que la liberté de la presse est proclamée, les prisons sont encombrées de ceux qui sont assez hardis, non pas pour imprimer, non pas pour vendre, mais pour lire seulement ce qui leur déplaît.

Moi-même, en traçant ces lignes, je suis forcé de me soustraire aux regards de mes amis; ma hardiesse les effaroucherait peut-être, et bientôt ils ne verraient en moi qu'un proscrit dont l'intimité serait dangereuse. Mais, qu'importe, il n'est pas donné à tout le monde d'aller combattre sous l'étendard des Lis; et celui-là, je crois, mérite également de la patrie, qui éclaire ses concitoyens égarés, leur arrache les armes des mains, sans autre effusion de sang que peut-être du sien qu'il expose.

Comme le dit un auteur célèbre de nos jours : *Il y a des autels, comme celui de l'honneur, qui, bien qu'abandonnés du vulgaire, réclament encore des su-*

*crifices*. Les actions magnanimes sont celles dont le résultat prévu est le malheur et la mort.

---

# NEUVIÈME GRIEF.

. . . . . Quis talia fando.

Dans les pages sanglantes de notre histoire, les malheureuses victimes de Quiberon arracheront des larmes à nos descendans. Si, comme nous l'avons dit, si, comme nous l'avons prouvé, notre révolution est une œuvre criminelle dans son principe et dans ses suites, ne nous sera-t-il pas permis de verser des larmes sur la tombe de ceux de nos frères qui, venant pour nous sauver de nos propres fureurs, périrent victimes de leur zèle, victimes de la plus juste et de la plus sainte des causes, victimes de la plus noire et de la plus infâme trahison ? Faudra-t-il ne rien réparer, parce que chaque acte qui répare, laissera l'idée d'une justice qui accuse ?

Un fragile tombeau, élevé par la piété filiale, par le repentir, vous effraie, lâches assassins !... Vous tremblez, hypocrites, à la vue de quelques pierres entassées par la main des hommes, et que le temps détruira comme tant d'autres monumens ! Et vous ne tremblez pas à la vue des tables d'airain sur lesquelles l'inexorable histoire, armée de son burin, nous venge de vos forfaits, en portant d'âge en âge, jusque chez nos derniers neveux, l'horreur de votre nom !...

Quiberon sans tombeaux, sans autels, sans obélisques, sera-t-il inconnu aux Français même du dernier âge ? La mère n'ira-t-elle pas montrer à son enfant le lieu où ses pères furent égorgés pour leur fidélité au Roi et par la plus insigne trahison ? Le voyageur, en passant dans ces tristes lieux, ne racontera-

t-il pas à son compagnon vos crimes et nos malheurs ?
Il n'est pas besoin d'autels, de pyramides, pour rappeler aux enfans de Lyon l'endroit précis des Broteaux
qui fut abreuvé du sang de leurs pères. Déjà deux
fois leurs mains filiales ont tenté d'élever un monument à leur bravoure, à leur patriotisme, à votre
rage, à votre stupidité ; deux fois vous les avez trou-
blés dans ce pieux office ; deux fois, d'une main sa-
crilége, vous avez dispersé les matériaux que leur
piété avait amassés ; à la vue de ces autels expiatoires,
comme de nouveaux Orestes, vous croyez déjà voir er-
rer aux alentours les ombres sanglantes de vos victimes;
vous croyez déjà entendre sortir de dessous leurs tom-
bes ces affreux cris de veugeance : *Puisse de nos os
surgir un vengeur* (*) *!* — Ah ! — calmez-vous, lâches
criminels, vos victimes étaient des chrétiens; à l'exemple de leur maître, ils vous pardonnèront en mourant.
Au reste, les eaux de la Saône remonteront vers leur
source, avant que le temps ait arraché du cœur des
Lyonnais l'objet de leurs regrets et de leur reconnais-
sancee.

---

# DIXIÈME GRIEF.

**Fortes creantur fortibus et bonis.**

Les grandes actions ont toujours trouvé chez les
Français enthousiastes de toute sorte de gloire, non-
seulement des admirateurs, mais encore des imita-
teurs. Les vertus qui ont éclaté au milieu de nos
orages, ont été aussi gigantesques que les crimes ont
été ignobles et vils.

Si Rome s'honora d'un Mucius Scevola, si le Juif
chanté les louanges de Judith, nous compterons aussi

---

(*) *Exhoriare aliquis nostris ex ossibus ultor.*

parmi nos grands hommes George Cadoudal, et sa race parmi nous distinguée, produira des héros. L'aigle n'engendre point de timides colombes.

Il est sans doute cruel pour des assassins judiciaires de voir canoniser publiquement leurs prétendus criminels ; il est cruel pour eux de voir les Français fouiller dans les archives de leur ténébreuse justice, en retirer les noms de leurs victimes, et les livrer ensuite à l'admiration de la postérité.

J'ignore quel fut le motif réel qui amena George Cadoudal et ses amis dans le sein de la Capitale ; je me garderai bien d'ajouter foi aux actes mensongers de sa procédure, et sous les titres imposteurs d'*agent de Pitt et de Cobourg*: la mort a dévoré assez de victimes, pour savoir quelle foi l'on doit ajouter à une justice vendue au plus soupçonneux tyran. Ce que je sais et ce que je crois, c'est qu'il était venu dans l'intention de renverser le gouvernement monstrueux et tyrannique de l'usurpateur ; c'est qu'il était venu pour faire valoir les droits de son Souverain légitime.

Ces droits étaient alors si incontestables, et ils étaient de telle nature, que Buonaparte voulut les acheter ; et si la France l'a ignoré, l'Europe entière l'a su. Or, on n'achète pas ce qui n'existe pas ; et Buonaparte, en voulant les acheter, reconnaissait, à la face de l'Europe entière, que Louis était seul souverain légitime, et que lui était un usurpateur (1).

---

(1) Voici ce que répondit le Roi à la demande insolente du premier Consul :

Je ne confonds pas M. Buonaparte avec ceux qui l'ont précédé ; j'estime sa valeur, ses talens militaires ; je lui sais gré de quelques actes d'administration ; car le bien que l'on fera à MON PEUPLE me sera toujours cher.

Mais il se trompe, s'il croit m'engager à renoncer à mes

Si le projet de George eût réussi, quel bien n'en eût pas résulté pour la France ! L'expédition de Moscow n'eût pas eu lieu ; les six cent mille Français qui y ont péri, verraient encore le jour ; la destruction du pont de Leipsick n'eût pas entraîné la perte de soixante mille hommes ; une affreuse épidémie n'eût pas détruit les restes de cette armée dans les murs de Mayence ; les plaines de la Champagne n'eussent pas été couvertes de sang, d'incendies et de carnage ; et enfin, aujourd'hui 15o mille hommes n'eussent pas péri au Mont-St-Jean.

Au reste, faire le procès à George Cadoudal, c'est

---

droits ; loin de là, *il les établirait lui-même*, s'ils pouvaient être litigieux , par la demande qu'il fait en ce moment.

J'ignore les desseins de Dieu sur moi et sur mon peuple ; mais je connais les obligations qu'il m'a imposées : chrétien , j'en remplirai les devoirs jusqu'au dernier soupir ; fils de St-Louis, je saurai comme lui me respecter jusque dans les fers : successeur de François 1.er, je veux toujours pouvoir dire avec lui : *Tout est perdu, fors l'honneur*. Mittau. . . . 18o2.

Comparons. Que dis-je ! toute comparaison est un outrage fait au Roi ; mais rappelons-nous Bonaparte à Fontainebleau , disputant lâchement sur le butin qu'il pourra emporter. Là est un Roi , ici un flibustier.

Voici son abdication signée , moyennant *Six Millions* de rente.

« Les Puissances alliées ayant proclamé que l'empereur Napoléon était le *seul obstacle* au rétablissement de la paix en Europe , l'empereur Napoléon , fidèle à son serment, déclare qu'il renonce , pour lui et ses héritiers , aux trônes de France et d'Italie , et qu'il n'est aucun sacrifice personnel , même celui de la vie, qu'il ne soit prêt à faire à l'intérêt de la France. »

Fait au Palais de Fontainebleau, le 11 Avril 1814.

*Signé* NAPOLÉON.

le faire à tous les citoyens, qui, dans tous les temps, ont généreusement sacrifié leur vie pour leur patrie et leur légitime souverain. Supposé, ce que j'ignore, qu'il ait eu l'intention d'assassiner l'usurpateur sur son trône, il faut alors arracher les feuilles de l'histoire qui livrent à notre admiration les Judith, les Mucius Scévola, les Décius, les Thrasibule, et tous ceux qui, au mépris de leur vie, ont cherché à affranchir leur patrie du joug d'un tyran.

Que dirai-je du reproche que l'on fait aux Bourbons d'avoir récompensé une femme, qui, furieuse à la vue des assassins de son père, de sa mère, et de toute sa famille, animée d'un mâle courage, rend mort pour mort aux brigands qui désolaient son pays ? Imprudens libellistes ! c'est vous qui rappelez aux Français les horreurs dont vous les rendîtes coupables par vos feuilles incendiaires, vous, qui devriez jeter un voile épais sur ces scènes désolantes dont vous fûtes les véritables instigateurs et provocateurs ; hélas ! que de forfaits certaines croix d'honneur ne couvrent-elles pas !

---

# ONZIÈME GRIEF.

### *Provocation contre les acquéreurs de biens dits nationaux.*

Ceux-là qui ne se sont plu, depuis vingt-cinq ans, que dans le trouble, qui ont toujours redouté l'arrivée du Père de famille, ont constamment inspiré des craintes à tous les acquéreurs de biens nationaux ; c'était par-là qu'ils cherchaient à comprimer et à étouffer, même dans l'ame des Français, cet amour de leur Roi, heureusement, gravé profondément chez eux.

En effet, c'était par la vente des biens nationaux, par la cupidité, que l'on avait enrôlé, sous les bannières de la révolte, une si prodigieuse quantité de Français, et c'était la crainte de voir les légitimes propriétaires rentrer dans leurs biens, qui avait empêché une partie de ces hommes égarés, de rentrer en eux-mêmes, de s'arracher aux convulsions qui les tourmentaient sans cesse en se jetant dans les bras de leur père. Retenus par l'avarice, voulant néanmoins sortir des tempêtes journalières qu'éprouvait leur république, ils ne virent de salut que dans une monarchie, dont, quelques jours auparavant, le nom seul leur faisait horreur; ils ne furent pas délicats dans le choix qu'ils firent : un étranger, un Corse, jeune, ardent, exagéré, extravagant même dans ses projets, tourmenté du démon de l'inquiétude, inspiré par le génie du mal, heureux jusqu'au miracle, se présente à eux ; c'en fut assez pour les séduire. Couverts de crimes à l'égard du meilleur des Rois, n'osant soupçonner que son cœur était un abîme de clémence, ils se créèrent et pétrirent de leurs mains, avec de la fange, l'idole dont ils sentaient la nécessité.

N'osant lui imprimer l'auguste qualité de Roi qu'ils avaient souillée et profanée dans la personne de leur Souverain légitime, ils l'appelèrent empereur ; et c'est ainsi que ce soldat heureux devait faire suite, dans l'histoire, aux Tibère, aux Néron, aux Caligula.

La Providence le permit ainsi, pour punir le Français d'avoir douté un moment de la clémence paternelle de son Roi. Pendant quinze ans ils gémirent sous son joug, et ce père de famille, comme un nouveau Saturne, dévora annuellement trois cent mille de ses enfans.

Enfin il est terrassé : le Roi paraît ; tous les cœurs

volent au-devant de lui ; sur sa figure chacun lit le pardon des injures. Le testament de Louis XVI est proclamé ; les acquéreurs seuls des biens nationaux tremblent encore. Louis, dont la parole est sacrée , les leur garantit d'abord ; puis , dans sa charte constitutionnelle, il fait de cette garantie un des articles fondamentaux.

Mais ces hommes, qui, comme nous l'avons déjà dit, ne pouvaient espérer des places, des emplois, qu'au milieu des désordres , ne manquèrent pas de jeter dans l'ame de ces propriétaires timides, d'ailleurs inquiets sur la légitimité de leurs biens , des craintes sur la bonne-foi de Louis XVIII ; tantôt ils dirent que la parole royale n'aurait d'effet que jusqu'au moment où le Roi aurait assez de force pour secouer l'engagement solennel qu'il avait pris ; tantôt ils peignirent les discours des députés , en faveur des malheureux proscrits, comme des avant-coureurs d'un dépouillement universel et général ; tantôt ils désignèrent les transactions qui se passaient entre quelques propriétaires primitifs et les nouveaux acquéreurs, comme des actes dictés par la force : comme si un homme bourrelé ne pouvait pas faire trève avec sa conscience, sans y être forcé par le Gouvernement ; comme si c'était seulement depuis le retour de Louis XVIII , que ceux qui n'avaient pas une foi bien robuste en la légitimité de leur acquisition , eussent cherché à les faire sanctionner par les anciens propriétaires.

Rien , au reste, n'en prouve mieux l'illégitimité, que les craintes dont sont travaillés journellement ces nouveaux possesseurs. Un propriétaire légitime dort tranquille, et, au lit de mort , partage sans remords son héritage.

J'avoue que la vue des anciens propriétaires était

un spectacle fatigant pour ces nouveaux riches, qu'il leur était peut-être dur de voir à leur porte, et sous le toit de la chaumière, celui dont ils occupaient le palais. Je conviens que la présence des anciens maîtres rendait parfois ridicules, aux yeux de leurs concitoyens, ces hommes logés dans les donjons, et nés dans les fossés.

Mais enfin, comme on n'est propriétaire qu'en vertu des lois, et que la première de toutes les lois est, qu'une trop sévère justice peut devenir une injustice, d'après cet adage : *Summum jus*, *summa injuria*. Le Roi, dans sa sagesse, a cru devoir sacrifier au bonheur public, non-seulement les intérêts de la couronne, non-seulement ceux de l'église, mais encore ceux de ses zélés défenseurs; en un mot, c'est à ce principe, fondé sur le bien public, que *les possesseurs de la vigne de Naboth* peuvent jouir et jouissent à l'ombre des lois de leurs acquisitions.

Les propriétaires de biens nationaux se trouvaient, je l'avoue, un peu froissés dans les emprunts qu'ils voulaient faire. Mais il y avait long-temps que l'opinion publique mettait une énorme distance entre les biens nationaux et les biens patrimoniaux; depuis long-temps les prêteurs repoussaient le gage qu'on leur voulait donner, ou qu'on leur offrait en propriétés nationales; depuis très-longtemps le nombre des prêteurs sur ces sortes de biens se trouvant très-petit, le emprunts étaient difficiles, pénibles, et par conséquent plus chers. C'est cette raison qui mettait une différence considérable entre les biens des émigrés et les biens des particuliers, dans le prix des ventes; tandis que ceux du clergé, dont la vente a été ratifiée par le concordat, se trouvaient de pair dans les transactions avec les autres propriétés.

Ce n'est donc point le retour de Louis XVIII; ce

ne sont point les prêtres ni *leur gouvernement odieux* que les acquéreurs de biens nationaux doivent accuser du discrédit dont leurs propriétés sont frappées, c'est *la conscience publique* qui les repousse ; et, malheureusement pour les propriétaires de ces biens, cette conscience existera éternellement, en dépit de toutes les lois civiles et politiques, parce que le for intérieur, indépendant de toutes religions, fera, de génération en génération, justice de cette *spoliation criminelle* dans son principe, et elle existera *tant que parmi les nations civilisées il y aura* des notions du juste et de l'injuste. De tout temps les biens mal acquis ont eu peu de valeur dans l'opinion publique.

Catilina promettait à ses conjurés la dépouille des sénateurs et des plus riches citoyens ; sur quoi un d'eux lui observa, que ces biens n'étaient pas des biens, puisqu'ils ne seraient pas honnêtement acquis : *Cui alter respondit, hæc bona non esse, quoniam non honestè possidentur.* Cic. in paradoxis.

---

# DOUZIÈME GRIEF.

*Arrière-pensées manifestées de toutes les manières. Système constant de diffamation.*

L'auteur de l'*Examen rapide* est le preux chevalier de tous les affligés du retour de Louis XVIII ; il est le vengeur des torts que les Bourbons ont commis; il ne s'embarrasse pas s'ils sont bien constatés, s'ils sont bien prouvés; il veut diffamer, il veut obscurcir, il veut noircir ; et qui ? On ne s'en douterait pas ; c'est Monsieur. C'est dans la bouche de cet homme si cher à notre cœur, qui a laissé après lui de si tendres souvenirs, que cet obscur pygmée met un propos qui pourrait être vrai, mais sur lequel il fait un commentaire ridicule.

Quand il serait vrai, comme l'assure notre chevalier, que ce bon Prince eût donné quelques espérances à des malheureux émigrés qui avaient sacrifié corps, fortune et biens pour leur patrie, de quel droit le censurera-t-il ? Un Prince reconnaissant ne pourra-t-il entretenir dans le cœur de ses féaux serviteurs, quelque lueur d'espérance sans soulever la rage de ses ennemis, tandis qu'eux, persécuteurs constans de leur Roi , perturbateurs de leur patrie, s'engraisseront à l'ombre de ses ailes et de sa protection, non pas d'une futile espérance, mais de choses plus solides, c'est-à-dire, du produit de leurs places, du produit de leurs rapines?

Il est fort plaisant de voir que notre auteur trouve mauvais que Monsieur, passant dans une capitale de province, n'a pas daigné faire connaissance avec le prélat archevêque de cette ville. Il est certain que cet homme avait des droits à la considération publique; il savait assez bien fabriquer un mandement en forme exécutoire pour la levée des conscrits. C'eût été une précieuse acquisition, sous la bannière des Lis , qu'un tel prélat ! En effet , dans sa charité chrétienne, il alimentait son peuple avec d'excellentes homélies contre *la race dégénérée* des Bourbons : pendant le blocus de cette ville, se dépouillant de la majesté pontificale, il allait boire et manger dans les redoutes avec les soldats et leurs amies, puis terminait ce banquet fraternel par une bénédiction digitale sur les chastes couples (1).

---

(1) Ce bon prélat était d'une édification rare , et il était

Peu de jours après la levée du blocus, dans un accès de zèle apostolique, il avait lancé un puissant interdit contre un ecclésiastique qui avait eu l'audace de célébrer les saints mystères en présence d'un petit-fils d'Henri IV, Monseigneur le Comte d'Artois.

Monsieur a sans doute eu tort de ne pas admettre à son audience ce charitable prélat. Mais que faire, il paraît que le prince avait seulement un peu trop de mémoire.

---

# TREIZIÈME GRIEF.

## *Ancienne Noblesse seule pourvue des ambassades.*

Un Roi sage, politique et adroit, cherche toujours parmi ses sujets ceux qui sont le plus aptes à la chose à laquelle il les destine, et surtout qui sont les plus agréables aux puissances vers lesquelles il les députe.

Si Louis a choisi des personnes nobles, c'est que sans doute il les a jugées plus propres à l'objet de leur mission, et qu'il a pensé qu'ils plairaient davantage aux puissances vers lesquelles il les envoyait ; c'est qu'il a su qu'il ne fallait point insulter ses voisins en

---

scrupuleux jusqu'à l'excès pour observer les commandemens de l'Eglise.

Devant, un jour de vendredi, dîner chez le sénateur Dabouville, ne pouvant décemment s'y refuser, et sachant qu'on y ferait gras au mépris des lois de l'Eglise, pour ne pas scandaliser ses ouailles, il se donna à lui, ainsi qu'à tout son peuple, par une affiche publique, la permission de faire gras ce même jour de vendredi ; et c'est ainsi qu'il leva le scandale.

leur envoyant pour mandataires des assassins publics, tels que le duc de Vicence.

Au surplus, la preuve qu'il a bien choisi, c'est que tous lui ont été fidèles; et c'est là peut-être la cause de l'humeur que témoigne notre auteur.

# QUATORZIÈME GRIEF.

## *Outrages faits à l'armée.*

C'est un pareil motif d'humeur qui fait reprocher aux Bourbons d'avoir outragé l'armée. Ces Messieurs sont furieux de ce qu'il a renvoyé la garde impériale; de ce qu'il s'est composé une garde, soit de Suisses, soit d'autres jeunes gens sortis des meilleures familles ou de roture ou de noblesse. Il fallait, pour contenter ces messieurs, qu'il se mît entièrement à leur discré-tion; il fallait, sans doute, qu'il prît pour ses gardes-du-corps les enfans des Jean-de-Bry, des Carnot, des Cambacerès et autres; ou bien, qu'à l'exemple du despote, il fit venir du fond de l'Asie des Mame-loucks ! !

Mais n'est-ce pas insulter au sens commun? les évè-nemens n'ont malheureusement que trop prouvé que Louis estimait l'armée bien au-delà de sa valeur, et qu'il ne se trompait pas, quand il croyoit que les bandes d'un despote ne pouvaient jamais faire la garde d'un Monarque. Les uns ne sont qu'un troupeau d'es-claves qui ne sont mus par d'autres sentimens que celui d'une obéissance servile et l'amour du pillage; les autres n'ont d'autre mobile que celui de l'honneur et l'amour de leur souverain : pouvait-il donc confier sa personne et sa famille, à des gens qui jusques-là ne lui avaient encore donné aucune preuve de dévouemeut ?

, Je le répète , ce reproche n'est dicté que par la rage qu'ils éprouvent, de ce que l'objet de leur fureur s'est échappé sain et sauf de leurs embûches.

---

# QUINZIÈME GRIEF.

## *Abandon des serviteurs de la patrie devenus étrangers.*

Je me hâte de courir à la fin de mon terme ; le lecteur se fatigue sans doute à me suivre dans d'aussi fastidieux détails. Au milieu de ces arides discussions il ne verra peut-être pas sans plaisir les tendres sentimens, les beaux mouvemens d'humanité que la philantropie sait faire germer dans les cœurs les plus farouches, dans les hommes de 1793.

Ces messieurs savent et n'ignorent pas que la France gémissait sous le poids énorme d'une dette créée par la plus extravagante tyrannie dont l'histoire nous eût conservé le souvenir ; ils n'ignorent pas que 1700 millions de dettes sont le résultat des quinze ans de folie de Buonaparte. Cette dette pesait sur la généralité des Français ; plusieurs provinces ayant plus spécialement éprouvé le poids de la guerre étaient hors d'état d'y prendre part. Hé bien ! le Roi dans sa tendresse paternelle ne voit du haut de son trône que des enfans malheureux ; il ne peut soulager les maux des uns sans agraver ceux des autres : il voit un nombre infini de militaires sans places, sans fortune, victimes des hasards de la guerre ; les abandonnera-t-il à la compassion publique ? Verrons-nous nos soldats mutilés mendier le pain de la charité à la porte de la chaumière ? Non, non, le petit-fils de

Louis-le-Grand saura concilier ce qu'il doit à l'homme d'arme malheureux et à ses autres enfans foulés par les impôts ; il ne pourra, il est vrai, donner tout l'élan qu'il voudrait à sa générosité ; il sera obligé de comprimer son propre cœur ; mais il se bornera à sa famille, et laissera aux autres souverains le soin de remplir leur devoir, à l'égard de ceux qui sont devenus leurs enfans par le traité de paix.

Messieurs les libéraux et les philantropes font un crime au Roi d'en avoir agi ainsi : on croirait que c'est par un excès de compassion ; mais qu'on ne s'y trompe pas, ce sont des tartufes d'humanité ; c'est sous ce nom sacré qu'ils ont déchiré leur patrie, qu'ils ont ravagé les pays où ils ont dressé leur tente. Ils crieraient bien autrement, si le Roi eût fait précisément ce qu'ils paraissent désirer. Ne lui diraient-ils pas : Quoi ! vous nous chargez de la dette d'autrui ; vous faites le grand, le généreux, le magnifique envers des peuples qui ne nous sont plus rien ; vous nous privez du revenu des provinces que vous cédez, et vous nous en conservez les charges ? Leur reproche ne serait-il pas fondé ? Jugez, lecteur, de la bonne foi de ces censeurs.

---

# SEIZIÈME GRIEF.

## *Ordonnance sur la Cour de Cassation.*

Pour répondre à notre critique, il est essentiel de jeter quelques principes qui ne puissent être contestés que par ceux-là qui font profession de les tous rejeter. Dans une monarchie, c'est par le Roi et au

nom du Roi que les officiers civils et militaires exer-
cent leurs fonctions ; ils ne sont que ses mandataires.

C'est par le Roi et au nom du Roi que la justice
est rendue à ses sujets : les juges ne sont encore que
ses représentans. Dans les premiers temps de la
monarchie, nos Rois la rendaient par eux-mêmes.
L'arbre de Vincennes, au pied duquel Louis IX (*)
jugeait ses peuples, dépose en faveur de ce principe
fondamental. Les juges n'étant autre chose que les
mandataires du Roi, doivent avoir des qualités per-
sonnelles qui les rendent dignes de la portion d'autorité qui leur est confiée, et qui inspirent le respect
et la confiance à leurs justiciables. Ils doivent être
investis d'une réputation intacte de science, de
probité et d'intégrité.

Si la justice est quelque chose de saint et de sacré
aux yeux des peuples, il faut que les Ministres qui
servent dans son temple jouissent d'une réputation
de sainteté.

D'après ces principes, examinons la conduite de
Louis XVIII, à l'égard de la Cour de Cassation.

---

(*) Charles VIII, non content de rétablir l'ordre dans les
tribunaux, voulut partager lui-même les fonctions des magistrats. Convaincu que le plus ancien et le plus sacré devoir des
Rois est de rendre la justice, il adressa à la Chambre des
comptes la lettre suivante : « De par le Roi, nos amés féaux ;
parce que nous voulons bien savoir la forme qu'ont tenue nos
prédécesseurs Rois à donner audience au pauvre peuple, et
même comme Monsieur Saint Louis y procédait, nous voulons
et vous mandons que, en toutes diligences, faites chercher par
les anciens registres et papiers de notre Chambre des comptes,
ce qui s'en pourra trouver, et en faites faire un extrait, et incontinent après, nous les envoyez. »

Donné à Amboise, le 21 décembre,

CHARLES.

Ce tribunal est le premier corps de justice ; il est le dépositaire des lois, il en est l'interprète : ses décisions forment la jurisprudence de tous les tribunaux subalternes. Louis, à son arrivée, trouva ce corps beaucoup trop nombreux, en proportion de celui de l'état. La France venait de rentrer dans ses limites naturelles, il fallait donc en proportionner également les rouages. La juridiction de la haute Cour étant considérablement restreinte, il fallait aussi réduire le nombre de ses membres. Il fallait d'abord retrancher tous ceux qui, par leur naissance appartenaient aux pays que nous venions de restituer ; rejeter ensuite comme membres gangrenés ceux que l'opinion publique éloignait et rejetait comme tels. Les uns avaient été élevés à cette dignité par le plus bas, le plus servile, le plus honteux dévouement à l'iniquité du chef de l'état. D'autres, criblés de dettes, donnaient à l'opinion publique un motif de soupçonner leur intégrité. D'autres enfin, couverts du sang de leur Roi, faisaient horreur à leurs collègues, qui rougissaient de siéger à côté d'eux.

Faire un crime au Roi d'avoir ainsi purgé un des premiers corps de l'état, n'est-ce pas faire un abus scandaleux de la parole et de la raison au milieu de l'espèce humaine ?

Mais l'article 59 de la Charte, nous dit-on, promettait la conservation des Cours et tribunaux actuellement existans : oui, sans doute, quant aux corps, et non pas quant aux membres. Suivant ces censeurs chagrins, aucun homme en place n'aurait dû mourir sans la permission d'une loi expresse ; car chaque mort apportait une mutation ; et sous prétexte d'inamovibilité, chaque membre eût pu sans crainte prévariquer dans sa place. De pareilles chicanes sont suffisamment réfutées par les conséquences.

# DIX-SEPTIÈME GRIEF.

*Quid leges sine moribus vanæ proficiunt.*

Hor. od. 24, l. 3.

L'EFFORT le plus constant du philosophisme a toujours été d'empoisonner dans son berceau la génération naissante, de détourner des jeunes et tendres plantes les sucs vivifians de la morale, de les nourrir et de les élever dans le terrein sec et aride de l'impiété, et au milieu de l'air infect et corrompu du matérialisme et même de l'athéisme : tel était le but secret d'abord du club d'Holback, puis celui des écoles primaires, et de nos jours celui des lycées.

Si, pour ne pas effaroucher les pères et mères, on laissait aborder le Ministre de la Religion dans les écoles publiques, c'était seulement un sacrifice que la philosophie faisait aux vieux préjugés.

Mais que peuvent les leçons contre l'exemple? On n'ignorait pas que la morale austère de la Religion, dépouillée de l'exemple et de la pratique des maîtres, ne pouvait y être dangereuse.

En effet, qui est-ce qui ignore que les lycées ont été pendant long-temps des lieux publics de débauche? que l'autorité, forcée de céder à l'opinion générale, n'a changé des maîtres corrompus et scandaleux, que contre d'autres qui, plus réservés dans l'extérieur de leur mœurs, n'en étaient que plus dangereux par leur indifférence pour toute religion quelconque.

Dans le principe, c'étaient des prêtres apostats,

vivant au milieu de leurs écoliers avec des concubines, qui prêchaient la vertu à leurs disciples.

Bientôt des pères de famille ont présenté à leurs élèves l'exemple de ces ménages scandaleux, qui partout ailleurs sont déjà un fléau pour l'état. C'est là que le professeur prêtait à son adepte des livres dont il était d'autant plus avide, que le censeur feignait de les défendre. C'est là qu'on lui apprenait à faire cette distinction entre la religion du peuple et celle du savant. C'est là où il apprenait que l'autorité paternelle est une usurpation sur le droit naturel; que, dès que l'homme sait marcher, boire et manger, il est, comme tous les autres animaux, indépendant de son père; que toute vertu consiste à éviter des démêlés avec la justice; et enfin, que toute religion est un préjugé nécessaire seulement pour la classe ignorante du peuple.

Un tambour, un fusil, la livrée militaire rappelaient à chaque instant aux élèves qu'ils étaient nés non plus pour se choisir librement un état dans la société, d'après leurs goûts, leurs dispositions, leurs talens; non plus pour être des citoyens, mais seulement pour faire partie d'une soldatesque stupide et aveugle, et servir ainsi d'instrument à la brutale ambition du chef de l'état. Ils savaient fort bien qu'ils seraient toujours assez savans pour coller plusieurs milliers d'esclaves côte à côte, les faire tourner à droite ou à gauche, comme des mannequins qui tiennent au même fil. De là, plus de goût pour les belles lettres, plus de goût pour la saine philosophie et la morale. La jeunesse n'estimait que la science qui conduit à l'art de détruire ses semblables. Les mathématiques devenaient son étude favorite.

C'est dans ces écoles qu'on lui apprenait à mépriser tout ce qui portait le caractère de l'antiquité; et pour que la curiosité, ou quelquefois le désir de s'instruire ne puisse le tenter de recourir aux sources primitives, on lui en fermait exactement les avenues, en ne lui donnant que de foibles notions de la langue latine (*), dans laquelle tous les savans de l'Europe ont déposé et déposent encore leur science.

Il fallait que les jeunes gens fussent convaincus que rien n'était parfait que ce que le dix-huitième siècle avait engendré ; il fallait que le Contrat social fût, à leurs yeux, le livre par excellence, et qu'on ne pût comparer ce publiciste moderne avec les Grotius et les Puffendorf ; il fallait que les jeunes médecins devinssent matérialistes avec les Cabanis, les Richerand et l'auteur de l'*homme machine*, et pour cela les empêcher de lier connaissance avec les *Haller*, les *Stéchelin*, les Vansviéten, les Boheraave ; en un mot, comme il est essentiel que sous le despotisme, soit populaire, soit militaire, tous les hommes soient esclaves, et que tous les esclaves soient ignorans, tout concourait dans les lycées à affermir et à perpétuer la domination de Buonaparte sous son sceptre de fer.

Louis, monarque éclairé, père de son peuple, qui

---

(*) Comment d'ailleurs apprendraient-ils le latin, quand des professeurs d'académie l'ignorent eux-mêmes ! Dans une académie de province, ces Messieurs mirent pour inscription le vers suivant, le 7 septembre 1814, pour l'arrivée du comte d'Artois :

*Et nos mixta juvant docto sacra lilia lauro.*

On se moqua de la platitude du vers et du solécisme. Le lendemain les académiciens changèrent le solécisme en barbarisme ; et le public lut avec un nouveau plaisir, *doctoe*, au lieu de *doctœ*.

ne voulait point d'esclaves autour de son trône, mais bien des enfans soumis, qui était convaincu qu'un état prospère en proportion de ce que la somme des hommes vertueux s'accroît, et que celle des méchans diminue, eut horreur d'un plan d'éducation conçu, enfanté par l'impiété, adopté par un tyran. C'est pourquoi il voulut ramener sans secousse les études au point d'où l'on était parti, pour se jeter dans de vagues théories dans lesquelles l'on donnait tout à l'homme physique, et où l'on oubliait l'homme moral.

Le plan d'éducation que Louis projetait avait la sanction et l'expérience de plusieurs siècles ; il avait produit les lumières qui éclairèrent le règne de Louis XIV. Il avait formé les Corneille, les Racine, les Crébillon, les Bourdaloue, les Bossuet, les Fénélon, les Fléchier, les Massillon, les Malebranche, les Descartes, les Pascal ; et il avait donné à la magistrature les Lamoignon, les Daguessau, les Séguier ; et, par un abus monstrueux, c'est à ce plan que les monstres révolutionnaires devaient le faisceau de lumières dont ils avaient fait une torche pour incendier leur patrie.

En conséquence, le premier emploi qu'il fait de son autorité est de purger l'Université de cette classe d'hommes, malheureusement trop connus par leur attachement à la désolante doctrine du philosophisme.

Il veut que la morale soutienne les sciences ; il veut que ceux qui ont essentiellement le droit de l'enseigner, président comme jadis à l'instruction publique. La Religion, comme une tendre mère, nous prend dans ses bras, au moment où nous ouvrons les yeux à la lumière ; elle nous allaite, elle nous nourrit dans notre enfance ; elle nous éclaire, elle nous soutient dans cette vie ; elle nous conduit au tombeau.

Cette tendre mère avait droit de présider à l'éducation de ses enfans. Mais c'est ici où les fils de ténèbres poussent des cris de rage ; ils sentent que l'empire qu'ils ont exercé va leur échapper pour jamais. Ils s'agitent dans tous les sens : ils battent la générale dans leur camp, ils crient *au fanatisme*. Ils réchauffent de vieilles impostures ; ils émeutent et soulèvent leurs bandes frénétiques, qu'ils effrayent, en leur mettant sous les yeux un fantôme monstrueux, qu'ils appellent Gouvernement des Prêtres.

Avec des mots magiques, tels que la *dîme* et la *corvée*, ils font sortir de leurs antres ténébreux une nuée de sinistres oiseaux qui remplissent l'air de cris effroyables.

Mais vains et derniers efforts d'une secte expirante ! sa dernière heure est venue ; et bientôt sur les débris fumans de l'impiété et de la folie, triompheront la Religion et la raison.

Puisque l'auteur de l'Examen rapide a voulu nous montrer le *Gouvernement odieux des Prêtres*, dans le plan d'éducation projeté par Louis XVIII, qu'il me soit permis d'ajouter encore ici quelques réflexions, d'abord sur la conduite que le Clergé a tenue dans le cours de cette révolution, puis sur les obligations que nous lui avons tous, et plus spécialement encore messieurs les philosophes, ses détracteurs et persécuteurs.

Le protestantisme ayant été terrassé sous Louis XIV, le philosophisme hérita de tous ses projets et de toutes ses fureurs. Même haine contre les Rois, même rage contre le Clergé. Ce n'était plus quelques questions dogmatiques que les Sociniens, sous le masque de la philosophie, agitaient ou niaient, c'était au dogme tout entier qu'ils déclaraient la guerre. Les Bayle, les Hobbes, les Spinoza leur avaient légué de riches arsenaux. Ils parurent d'abord sous la Régence, ils se fortifièrent sous le règne voluptueux de Louis XV; et l'infortuné Louis XVI, dans un âge tendre, monta sur un trône que les vers de la philosophie faisaient tomber chaque jour en morceaux.

Dans cette lutte, comme dans toutes celles que le Clergé depuis dix-huit siècles a soutenues contre ses ennemis, il a développé le même courage, la même constance. Contre les Porphyres et les Celses modernes, on vit combattre de nouveaux Tertulliens, de nouveaux Origènes et de nouveaux Lactances.

Les philosophes, comme leurs pères les protestans, crurent à l'anéantissement de la Religion, s'ils parvenaient à dépouiller ses Ministres de leurs biens temporels. Ils les calomnièrent d'abord pour les dépouiller, ils les dépouillèrent pour les avilir, et ils les avilirent pour les détruire.

Mais le Clergé, semblable à un arbre qu'on élague, puisa constamment ses forces dans ses plaies, et poussa des rameaux plus forts et plus vigoureux :

> Sicut ilex tonsa bipennibus
> . . . . . .
> Per damna, per cædes, ab ipso
> Ducit opes animumque ferro.

En vain cherche-t-on à le diviser par une prétendue constitution civile, en vain arme-t-on les bourreaux contre lui; c'est dans les prisons, c'est au milieu des noyades et des fusillades qu'il fait ses conquêtes.

Entassés dans les bagnes de Rochefort, de Brest, d'Oléron, au milieu des terres marécageuses de la Guyenne, les Prêtres font des prosélytes, étendent l'empire de la Croix. Leurs temples, il est vrai, sont détruits. Déjà l'impudique Vénus, debout sur les débris de nos autels, dispute au Dieu de nos pères l'empire de la France ; le Chef de l'Eglise abreuvé d'outrages, meurt dans les fers. N'importe, sans armes, sans autre sang versé que le leur, les Prêtres triomphent, et leur sang féconde la terre.

Philosophes, grincez des dents, écumez de rage ; vos efforts sont inutiles, vos déclamations se perdent dans les airs.

En vain tâcherez-vous aujourd'hui d'effrayer un peuple ignorant avec le *Gouvernement odieux des Prêtres* ; nous connaissons le vôtre, nous savons ce qu'il nous coûte ; il passera, et celui de la Religion ne passera pas.

Dieu dans sa colère vous laissera vivre assez pour être traînés au char de triomphe de cette Religion que vous outragez et blasphémez tous les jours.

*Peccator videbit et irascetur , dentibus suis fremet et tabescet.*

Nous avons vu tous les bienfaits dont la philosophie a gratifié l'humanité depuis vingt-cinq ans ; nous avons vu des tigres déifiés par la stupidité et l'ignorance.

Jetons un coup-d'œil rapide sur les bienfaits que la Religion a répandus au milieu de l'espèce humaine.

A sa naissance, l'homme était plongé au milieu des ténèbres de la barbarie. Le monde entier était partagé entre deux espèces d'hommes. La moitié du genre humain vendait et achetait l'autre moitié comme du bétail, et tous les philosophes ensemble n'avaient pu encore faire tomber les chaînes d'un seul esclave. Depuis long-temps ils faisaient retentir leurs portiques de cette orgueilleuse et pompeuse sentence : *Homo sum et nihil humani à me alienum esse.*

*puto.* La Religion du Christ est annoncée ; elle dit
aux hommes : Vous êtes tous frères dans un même
Père. Elle ne prêche point l'insubordination , elle
ne parle pas des droits de l'homme ; mais elle apprend aux maitres que son esclave est son frère , et
qu'il doit le traiter avec douceur, lui rappelant qu'il
a aussi un maitre dans le Ciel (*). Elle dit à l'esclave (**), qu'il doit obéir à son maître , par crainte
de Dieu , comme représentant à son égard Dieu
sur terre. C'est ainsi qu'elle commence par alléger
le poids de ses fers ; puis, petit à petit , à mesure
qu'elle étend son empire , chaque chrétien rougit
d'avoir pour esclave un frère ; il l'affranchit , et
cesse d'en acheter. Ainsi dans deux siècles , sans
secousses et sans insurrection , la plus grande révolution est opérée dans le monde entier, et tout homme
est libre (***).

Comparons le philosophe philantropè : il paraît
au milieu des sauvages Africains qui n'ont fait en-

---

(*) Domini , quod justum est et æquum est, servis præstate.
Scientes quod et vos Dominum habetis in cœlo.

(**) Servi , obedite *omnia* Dominis carnalibus , non ad ocu-
lum servientes quasi hominibus placentes , sed in simplicitate
cordis , timentes Deum. (*Ep. de S. P. ad Colosses.* cap. 3 ,
vers. 22. )

(***) Pendant que les Princes mahométans donnent sans
cesse la mort ou la reçoivent , la religion chez les chrétiens
rend les Princes moins *timides* et par conséquent moins *cruels.*
Le Prince compte sur ses sujets , et les sujets sur le Prince :
chose admirable ! La Religion chrétienne qui ne semble avoir
d'objet que la félicité de l'autre vie , fait encore notre bonheur
dans celle-ci. C'est la Religion chrétienne qui , malgré la gran-
deur de l'empire et le vice du climat, a empêché le despotisme
de s'établir en Ethiopie , et a porté au milieu de l'Afrique les
mœurs de l'Europe et ses lois. (*Esprit des lois* , l. 24, ch. 3.)

core aucun pas vers la civilisation, les droits de
l'homme à la main ; ils montrent aux esclaves des
tyrans dans la personne de leurs maîtres ; ils les ar-
ment, au nom de la liberté, de torches et de poi-
gnards. Les malheureux Colons de Saint-Domingue
tombent aussitôt au milieu des flammes sur les cadavres palpitans de leurs concitoyens. Voyez les philantropes Poverel et Santhonax, au milieu des palais
brûlans, montés sur des cadavres entassés, échauf-
fant le carnage. Voyez le Français errant, fugitif au
milieu des mers, abandonnant à d'affreux cannibales,
sa femme et ses enfans : à bord de son vaisseau il
entend leurs cris ; il les voit scier entre deux planches.
Voilà, philosophes, hommes libéraux, voilà vos exploits. C'est ainsi que vous éclairez les peuples avec
des incendies, c'est ainsi que vous les affranchissez?
Et ce sont les mêmes hommes qui encore aujour-
d'hui viennent nous parler de liberté, d'idées libérales et de philantropie.

La Religion ou les Prêtres ne se sont pas contentés
d'adoucir les mœurs, d'affranchir l'univers ; c'est la
Religion qui a rendu au mariage sa sainteté, sa pureté et
sa stabilité, qui a proscrit le divorce ; c'est elle qui a
ouvert et brisé ces dépôts qu'on appelle sérails, où les
femmes sont entassées pour assouvir exclusivement
la brutalité d'un despote, au détriment d'une grande
partie de l'espèce humaine, que l'on condamne à être
d'ignobles monstres au milieu de leurs semblables.

Ce sont les Prêtres qui sauvèrent les sciences, les
arts, du déluge de barbarie dont l'Europe fut inondée
dans le 6.ᵉ siècle et suivans. Sous les pas des Nor-
mands disparaissaient toutes sciences, tout art, et
tous monumens. Les Clercs et les Moines sauvèrent
de l'incendie générale les débris des anciens auteurs.

Toute science fut nommée *Clergie*, et le nom de *Clerc* devint synonyme à celui de lettré.

A la vue du féroce Musulman, les Muses éplorées fuyent leur terre natale, la Grèce, et cherchent un asile sous le beau ciel de l'Italie. C'est Léon X qui les accueille. A l'ombre du trône pontifical, elles s'acclimatent, elles croissent, elles peuplent, et sont bientôt en état d'établir des colonies dans les différentes parties de l'Europe, où elles ont continué de prospérer.

C'est aux Prêtres que nous devons les monumens de notre histoire. Philosophes, où seraient les premières annales de votre patrie, si les Grégoire de Tours, les Salvien, les Orose, les Paul diacre, ne vous les avaient transmises ? Ce sont les Moines (*) qui apprirent à vos farouches aïeux à convertir l'épée en socs de charrue. C'est à eux que vous devez toutes vos connaissances humaines en Physique, Chimie, Géométrie, Astronomie. Les Jésuites vous conquirent à bien moins de frais et de sang, que Lucullus ne conquit le cerisier, ce vermisseau qui enrichit nos provinces méridionales, et sur-tout la ville de Lyon. C'est aux Jésuites que vos colonies sont rede-

---

(*) Je sais que les Moines, par-tout où ils se sont trouvés, ont été les ennemis les plus dangereux de la Philosophie, et que par-tout où ils ont eu quelque influence, les armes du moderne Attila ont éprouvé de sanglans outrages. Aussi je dirai avec Palafox, général espagnol :

« Mais, quand tous les reproches que l'on fait aux Moines... » seraient aussi fondés qu'ils le sont peu, nous croyons que » ce seul service qu'ils ont rendu à l'Espagne et à toute l'Eu- » rope, suffirait pour les réconcilier avec tout véritable ami du » bon ordre et de l'humanité. »

*Rép. du g.al Pallafox au g.al Français.*

vables de ces plantes précieuses, tels que le cafier, le cocotier, et la canne à sucre.

C'est à leur mission que vos vaisseaux marchands doivent leur entrée dans les ports de la Chine, du Japon et de l'Indostan.

Philosophes, je croirai à votre doctrine, quand je vous verrai, *armés d'un seul livre*, faire la conquête des peuplades sauvages, et, sans effusion d'autre sang que du *vôtre*, réunir 40 mille familles en corps de nation. (*) Je croirai à votre doctrine, lorsque je vous verrai suivre sur l'échafaud, et consoler, dans ses derniers momens, celui qu'à l'aide de vos lumières vous aurez rendu assez criminel pour y monter ; lorsque je vous verrai, mettant de côté votre morgue et votre orgueil, vous abaisser à donner les premiers élémens du catéchisme de St-Lambert aux enfans des pauvres; lorsque je vous verrai quitter le séjour délicieux des villes, et vos pompeux portiques, pour aller habiter la crête chenue des Alpes, et donner asile aux voyageurs égarés; quand je verrai vos filles,

---

(*) *Voy.* la conquête du Paraguay, par Robertson, dans son *Histoire de l'Amérique.*

Les missions, dit M. de Buffon, ont plus formé d'hommes dans les nations barbares, que les armées victorieuses des Princes qui les ont subjuguées. Le Paraguai n'a été conquis que de cette façon ; la douceur, le bon exemple, la charité et l'exercice de la vertu constamment pratiquée par les Missionnaires, ont touché ces sauvages, et vaincu leur défiance et leur férocité. Ils sont venus souvent leur demander à connaître la loi qui rendait les hommes si parfaits ; ils se sont soumis à cette loi et réunis en société. Rien ne fait plus d'honneur à la Religion que d'avoir civilisé ces nations, et jeté les fondemens d'un empire sans autres armes que celles de la vertu.

*Hist. Nat.* T. 6. édit. in-12, pag. 239.

armées de philantropie, surmonter tous les dégoûts de la nature, renoncer aux douceurs du mariage, et se consacrer au soulagement des pauvres, et même de vos victimes; je croirai enfin à votre doctrine, quand je vous verrai recueillir les malheureux fruits de la débauche , et les enfans des modernes Jean-Jacques Rousseau.

C'est au fruit que l'on connaît l'arbre. Il y a vingt-cinq ans qu'il était encore possible d'être vos dupes; mais l'expérience cruelle que nous venons de faire de votre charlatanisme, de vos jongleries, nous force à vous fuir, à vous maudire. L'homme sensé qui a profité de cette funeste leçon, se sauve à l'approche de tout homme qui, en l'abordant, lui parle d'idées libérales et philantropiques, et se dit à lui-même : *Habet fœnum in cornu* (*).

« Fuyez, dit Rousseau, ceux qui , sous prétexte
» d'expliquer la nature (de l'homme), sèment dans
» le cœur des hommes de désolantes doctrines, et
» dont le scepticisme est une fois plus affirmatif et
» plus dogmatique que le ton décidé de leurs adver-
» saires. Sous le hautain prétexte qu'eux seuls sont
» éclairés, vrais, de bonne foi, ils nous soumettent
» impérieusement à leurs décisions tranchantes, et
» prétendent nous donner, pour les vrais principes
» des choses, les inintelligibles systèmes qu'ils ont
» bâtis dans leur imagination. Du reste, renversant,
» détruisant, foulant aux pieds tout ce que les hom-
» mes respectent, ils ôtent aux affligés la dernière
» consolation de leur misère , aux puissans et aux

---

(*) Il a du foin au-dessus des cornes.

Les anciens attachaient du foin à la corne des bœufs qui avaient l'habitude d'en frapper.

» riches le seul frein de leurs passions ; ils arrachent
» du fond des cœurs le remords du crime, l'espoir de
» la vertu, et se vantent encore d'être les bienfaiteurs
» du genre humain. Jamais, jamais, disent-ils, la
» vérité n'est nuisible aux hommes ; je le crois comme
» eux, et c'est, à mon avis, une grande preuve que
» ce qu'ils enseignent n'est pas la vérité. »

*PENSÉES DE ROUSSEAU.*

# DU VOEU DE LA NATION.

Depuis vingt-cinq ans, un des plus grossiers prestiges avec lesquels les factieux ont entraîné les ignorans dans leur parti, a été celui de leur présenter leur très-faible minorité comme une majorité absolue, et de mettre sur le compte du peuple l'exécution de leurs projets criminels.

Dans cette dernière conspiration, ils ont eu recours au même moyen. Il semblait qu'il devait être usé ; il semblait que vingt-cinq ans de fourberies, de jongleries, devraient avoir désabusé le peuple ; mais non. Il ne vit que d'erreurs et de mensonges, et il tombera toujours dans le même piége : comme la souris que vous faites sortir du trébuchet où elle a été prise, une heure après elle y retombera, et pas une de ses chûtes ne la rendra plus prudente. Il est difficile d'éclairer ce même peuple ; aussi, n'est-ce pas pour lui que j'écris, mais seulement pour ces hommes qui, sans être doués d'une profonde instruction, ont néanmoins un intérêt au maintien de l'ordre général , soit comme pères de famille, soit comme artisans, fabricans, ou négocians. Ces hommes, pour exercer leur état, sont en général doués d'une bonne judiciaire ; mais, absorbés dans leurs soins domestiques, dans leurs métiers , dans leur commerce, ils ont peu le temps de réfléchir par eux-mêmes ; les gazetiers pensent, réfléchissent pour eux, et, pour un sou par jour, ils se débarrassent de l'un des points les plus importans de la vie humaine, celui de méditer sur leur bonheur et celui de leurs enfans. Eh bien, c'est avec eux que je vais éclaircir ce qu'on appelle le vœu d'une Nation.

Délibérer sur la forme d'un gouvernement, ou sur le choix de tel ou tel Roi, est un des actes les plus importans, les plus délicats de la société. Pour délibérer sur le bien commun d'une société quelconque, il faut y avoir un intérêt. Dans une société par actions, il n'y a que les actionnaires qui ont droit de délibérer et de voter; ils n'appellent jamais, dans leur conseil, les commis, les employés, les entrepreneurs, les ou-ouvriers; parce que ceux-ci n'ont aucun fonds dans la société, et qu'ils n'ont aucune part dans *ses profits ni dans ses pertes*. L'application de ce principe est facile. Dans un état quelconque, celui-là seul a droit de voter ou de délibérer, qui y a un intérêt; et celui-là seul a un intérêt dans la chose publique, qui est propriétaire, soit en immeubles, soit en rentes, soit en industrie, et qui, sous l'un ou sous l'autre de ces trois points de vue, contribuent aux charges de l'Etat, et payent des contributions. De ce principe, il résulte nécessairement qu'une populace, purement prolétaire, qui, loin de payer des contributions, est, au contraire, dans les années malheureuses, à la charge de ce même Etat, ne peut faire partie d'un conseil délibérant.

De ce principe, il résulte que le jeune homme sous la puissance paternelle, qui ne peut exercer aucun acte obligatoire pour lui, en pourra bien moins encore exercer pour ses concitoyens, et les obliger, par son vote, à reconnaître telle ou telle forme de gouvernement.

Le bon sens nous dit encore que, chez un peuple délibérant, tout homme armé sera exclu du conseil public, ou que tout homme délibérant y sera armé, parce qu'on conçoit facilement que dix hommes armés feront la loi à cent hommes non armés. A Rome, tout citoyen en habit militaire, quoique sans armes, était exclu des centuries.

Tout étranger qui ne fait point partie permanente de l'agrégation d'un peuple, en doit être exclu, quoiqu'il paye des impositions, parce que les impositions qu'il paye ne sont qu'un droit de protection. N'étant pas citoyen, il ne peut posséder aucune place, et ne peut en donner aucune.

D'après ces principes, que personne ne me contestera, voyons comment les conjurés ont pu former un fantôme de nation, pour justifier, aux yeux des imbécilles, leur criminelle entreprise.

Buonaparte paraît. Qui l'a appelé ? La Nation. — Mais, où, quand, et comment ? Cette Nation de vingt-cinq millions d'hommes a-t-elle délibéré, 1.º sur le rejet des Bourbons qu'elle avait reconnus, par un acte solennel, à la face de l'Europe entière, le 3o Mars 1814; 2.º sur le rappel de Buonaparte, qu'elle avait solennellement rejeté par l'organe de ses Représentans ; 3.º sur la validité ou l'invalidité de son abdication ? Cet acte, ayant été accepté de la Nation par ses représentans, ne pouvait être annullé par lui seul; il fallait que ceux qui avaient concouru à sa perfection concourussent également à sa destruction. Eh bien, je vous le demande, où sont les actes qui justifient le vœu de la Nation sur ces trois chefs ? En attendant que vous les produisiez, votre héros ne sera que le vil mannequin d'une bande de forcenés et d'énergumènes.

Le vœu de la Nation s'est manifesté, dites-vous, par les acclamations au milieu desquelles il a été accueilli. — Fort bien. — Les deux ou trois mille paysans dauphinois qui ont fait son escorte jusqu'aux portes de Lyon, avec trois ou quatre mille soldats, forment donc la Nation ? — Les cinq ou six mille ouvriers en soie, crocheteurs et autres espèces d'hommes, sentine ordinaire d'une grande ville populeuse, forment donc la Nation ? ainsi de suite jusqu'à Paris. Si tous ces êtres mis en avant par les conjurés ne sont pas la Nation, où est-elle ? Sera-t-elle dans ce petit nombre d'hommes qui, à toutes les époques de la révolution, ont figuré dans les bandes des divers Cartouches qui se sont depuis vingt-cinq ans succédés les uns aux autres ? Non. — Aussi, les conjurés sentant bien qu'ayant à répondre à la France et à l'Europe entière sur cette question importante, sachant fort bien que les décrets du golfe Juan, de Grenoble, ne seraient jamais envisagés que comme les actes d'un flibustier, voudront les couvrir d'un vernis de légalité.

Ils chercheront un simulacre de nation; mais où le prendront-ils ? L'esclave, comme dans les saturnales, singera son maître; Buonaparte, comme Louis, donnera une constitution ; et celle qu'il donnera sera une ignoble parodie de celle qu'il dira anéantie. Il faut qu'elle soit acceptée. Voyons comment il s'y prend. Il fait ouvrir des registres pour le rejet et l'acceptation. Mais de quel droit vous appelle-t-il, ainsi que moi, à dire *oui* ou *non !* Nous avons vu qu'il n'en avait pas plus, et bien moins encore à me commander que le dernier homme du peuple. Le nombre de ceux qui ont voté l'acceptation est de *un million trois cent mille.* Cela est fort bien. Où en est la preuve ? qui les a comptés ? qui en a fait le recensement ? — Les électeurs. — Très-bien. — A quelle classe de citoyens appartiennent les votans ? Je ne vois ni leur âge, ni leur sexe, ni leur qualité de français ou d'étrangers, ou de citoyens actifs. Rien ne me prouve qu'un homme n'est pas allé chez dix notaires signer le même acte, et que vous ne comptez pas dix individus pour un seul : qui me garantit la vérité des signatures ?

J'y vois une multitude d'employés qui , pour se faire un mérite aux yeux de leurs supérieurs , suivent , comme les moutons de Panurge , l'exemple qui leur est donné , pour conserver leur place. Mais enfin passons sur ces monstrueuses irrégularités. Fût-il vrai que votre constitution eût été acceptée de *un million trois cent mille* Français actifs , auriez-vous une majorité ?

*Vingt-cinq millions* d'ames de population , supposent douze millions d'hommes. Sur douze millions d'hommes , il en faut déduire quatre millions de jeunesse jusqu'à vingt-un ans ; reste *huit millions*. Il y a loin de *un million trois cent mille* , à ce nombre. Vous voyez que votre majorité n'existe que dans le cerveau dérangé de vos chefs.

Ce raisonnement est sans réplique. Cependant les fédérés nous disent encore : mais , *qui ne dit rien consent*. Toute la Nation qui n'a accepté ni rejeté expressément , a approuvé la constitution par son silence. Ainsi , nous avons évidemment l'immense majorité pour nous. Ce raisonnement aurait quelque valeur , si vos registres n'eussent pas ouvert deux colonnes ; l'une pour *oui* , l'autre pour *non*. Si , pour accepter votre constitution , il suffisait de ne rien dire , votre colonne pour *oui* devenait inutile ; si le silence de tous les Français était approbatif , votre colonne pour *non* était la seule utile : et vous eussiez eu beaucoup moins de peine pour compter les voix , et le relevé de vos scrutins eût été plus certain.

Mais ce n'est pas tout. Combien de départemens , que dis-je de provinces , qui ne se sont pas contentés de ne rien dire , qui non-seulement se sont tus , mais encore ont crié tout haut , et dont on étouffait

les cris par la terreur des canons ; enfin , combien
de provinces ont pris les armes ?

Il en est de même des élections. Pour former ce
cloaque d'assemblée , il fallait appeler l'arrière-banc
des conjurés. Buonaparte et ses complices savaient
fort bien que les électeurs ne pouvaient agir régu-
lièrement et procéder à un choix quelconque , qu'étant
réunis en *nombre fixé et déterminé* par la loi constitutionnelle qui les appelait ; ils savaient fort bien
que les électeurs appelés et convoqués par des gens
qui n'avaient pas qualité pour les réunir , ne sorti-
raient pas de chez eux ; qu'une démarche de leur
part eût été une adhésion à leurs projets criminels. Or,
je vous le demande , quelle est l'assemblée départe-
mentale , où le nombre des électeurs voulu par la
loi a été complet ? Vingt-neuf départemens n'en ont
point envoyé ; d'autres n'en ont envoyé que la moitié ,
le quart de ce qu'ils devaient députer. Ainsi , cette
même constitution , à laquelle tous les conjurés faisaient semblant de jurer fidélité , était lacérée par
leur premier acte. Ainsi la nation n'a jamais été représentée par les Thibaudeau, les Dumolard , les Flau-
vergues, les Manuel , les Barrère , et autres forcénés qui , pendant trois mois ont fait la ridicule parodie d'un sénat français. Ainsi , cette chambre des
pairs , nommée, convoquée par un flibustier étranger , n'était qu'un repaire de brigands et de conjurés.
Car je ne me laisse pas étourdir par les clameurs de
gens du parti, qui , en vous montrant au doigt tel
ou tel député qui n'a pas pris une part bien active
aux fureurs de ses collègues , en veulent faire des
héros. Leur présence seule dans cette caverne était
un crime au plus haut chef contre l'état ; leur présence seule les rendait complices de la révolte.

Mais que dirons-nous de ces forcénés , qui , ne

voyant dans leur constitution que l'article 67 qui excluait les Bourbons du trône de France, s'obstinaient à fermer les yeux sur l'article 2, qui faisait de la dynastie de Buonaparte un des articles fondamentaux de leur charte.

Si Buonaparte abdique, il n'y a plus de constitution; s'il n'y a plus de constitution, il n'y a plus de députés, plus de chambres des pairs; et dans l'hypothèse même où cette assemblée aurait eu quelque pouvoir, ne s'évanouissait-elle pas avec l'homme dont ils avaient fait la pierre angulaire de leur édifice?

Ce raisonnement était sans réplique. Aussi ne pouvant y répondre, et voulant masquer aux yeux de leurs partisans leur illégitimité, ils se hâtèrent de soulever un autre fantôme de Napoléon, à la place de celui qu'ils venaient eux-mêmes d'abattre; il était moins redoutable pour eux; et ils espéraient retenir sous la bannière de Napoléon II tous les Janissaires, tous les Mameloucks, tous les sicaires de Napoléon I. En vain leur dit-on qu'il faut que Napoléon II, pour être reconnu empereur, accepte la charge qu'on veut lui imposer; en vain leur dit-on que cet enfant de trois ans ne peut rien accepter que par l'entremise de ses tuteurs; en vain leur dit-on que cet enfant est dans une terre étrangère, qu'il n'y a aucune apparence que les Puissances qui l'ont entre leurs mains voulussent le leur confier; en vain leur demande-t-on où est le conseil de régence; et, s'ils en forment un, où sont leurs pouvoirs? A toutes ces raisons, à toutes ces demandes, ils ne répondent que par des vociférations. En un mot, c'est un ramassis de fous et d'énergumènes, qui ressemblent plutôt à des députés de Charenton, qu'à des envoyés même de bandits.

Voilà, Français, ce que vous appelez le vœu de la nation, la volonté de la nation, les représentans de la nation. Mais, Français, votre nation serait-elle donc un si infâme cloaque, que dans toute la France vous n'ayez pu trouver pour vous gouverner qu'un Carnot, qu'un Cambacerès, qu'un Caulincourt, et autres gens qui suent le crime, tous les genres de crimes, et par tous les pores, dont on connaît depuis dix ans les pas aux traces de sang qu'ils laissent derrière eux?

Votre nation serait-elle tombée dans un tel état d'ignominie, de bassesse, qu'elle ne pût être représentée que par des Thibaudeau, des Barrère? Ou cessez d'être Français, ou rougissez d'avoir vu quelques instans vos représentans dans ces cannibales.

FIN.